• 상호의존관계에 따라 뭇 생명이 함께 해야 •

어떻게 살 것인가

학산 이상규 지음

도서출판 배쪼음

머리말

　2020년 새해 아침은 중국 우한의 어느 수산시장에서 비롯된 것으로 알려진 변형된 코로나바이러스로 인한 역질(疫疾)이 확산되고 있다는 뉴스와 함께 시작되었다. 그 역질이 우리를 한때 긴장의 도가니로 몰아넣었던 사스(SARS)나 메르스(MERS)와 같은 코로나바이러스(corona virus)가 변형된 것이라는 것을 알게 되었을 때는 이미 대단한 전파력을 갖고 유럽에까지 확산됨으로써 뒤늦게 세계보건기구(WHO)에 의하여 팬데믹(pandemic)이 선언되고 코비드-19(COVID-19)로 명명(命名)까지 된 뒤의 일이다. 아무튼, 코비드-19는 우한에서 발병한 지 6개월 만에 215개국에 번져 약 1,010만 명의 확진자와 50만 명 이상의 사망자를 내고도 확산의 기세가 수그러들 기미를 보이지 않고 있으며, 경제적 충격도 이만저만한 것이 아니다. 전 세계적으로 약 5억 명의 감염자와 약 5,000만 명에 육박하는 사망자를 냄으로써 제1차 세계대전의 종식을 앞당기

게까지 한 1918년의 스페인독감 이후 최악의 역질이라 하지 않을 수 없다.

탐욕스럽고 교만한 사람들이 인간중심주의(anthropocentric)와 서구적 개인주의를 바탕으로 마치 지구는 개발대상이고 이 세상의 동식물을 비롯한 모든 '것'은 인간을 위하여 존재하는 '것'으로 잘못 이해함으로써 결과적으로 인간의 경제적인 풍요와 편리함을 얻어냈다. 반면에 하나밖에 없는 이 지구(the only Earth)의 자연환경을 오염(汚染) 내지 파괴하고, 헤아릴 수 없이 많은 동식물의 멸종(滅種)을 불러오는 돌이킬 수 없는 과오(過誤)를 저지른 것은 부인할 수 없는 엄연한 사실이다.

인간을 비롯하여 이 세상의 모든 '것'은 인연이 닿아 여러 극미인자(極微因子)와 에너지가 모여 만들어져서 존재를 유지하고 변하다가 결국 원래의 상태로 되돌아가는 것이지, 어느 것 하나 본래부터 그 자체의 실체(實體)를 지닌 것은 없다. 그렇기 때문에, 사람을 비롯하여 이 세상의 동식물은 어느 '것' 하나 그 스스로 존재를 유지할 수 있는 것은 없고, 모두 상호의존관계(相互依存關係)의 연결망 속에서 살아가고 있다. 우리가 매일 먹는 밥은 어떻게 하여 우리 밥상에까지 올라오며, 우리가 먹는 어류나 육류, 우리가 입는 옷은 우리가 각자

스스로 만들어낸 것인가? 우리의 삶이라는 것은 알게 모르게 남이나 다른 '것'의 도움으로 인하여 유지될 수 있는 것임을 알아야 한다. 우주의 원리가 이러함에도 불구하고, 우리는 다른 '것'과의 상호의존관계의 틀을 스스로 깸으로써 재앙을 불러들이는 셈이고, 필자로서는 코비드−19도 그러한 재앙의 일종이요, 인간에 대한 경책(警責)으로 여겨짐을 어찌할 수 없다. 우리는 이 기회에 근본적인 사고(思考)의 전환으로 상호의존관계의 틀을 되찾게 될 수 있기를 기원할 뿐이다.

이 시대를 이끄는 세계적인 석학(碩學)들의 제언(提言)이나 전문적인 연구기관들이 보여주는 통계수치는 한결같이 현재와 같은 상황이 지속되는 경우 지구 내지 인류의 종말을 서슴없이 경고하고 있다. 그런데도 우리 인간들은 한편으로는 타성(惰性)에 젖어, 다른 한편으로는 탐욕에 집착함으로써 사안의 심각성을 외면한 채 고식적인 대증요법(對症療法)으로 그때그때를 넘기는 방편에 매달려 있다. 2018년에 세상을 뜬 스티븐 호킹(Stephen Hawking) 박사는 "지구온난화가 돌이킬 수 없는 티핑 포인트(tipping point)에 도달하고 있다."라면서, "인류가 멸망하지 않으려면 200년 안에 지구를 떠날 준비를 하여야 한다."라고 경고한 것은 아직도 우리의 기억에 생생하다. 그뿐만 아니라, 독일의 포츠담기후영향연구소 등은 2018년

연구보고에서 "지구의 평균기온이 섭씨 2도 이상 상승하면 이산화탄소(CO_2) 배출량을 대폭 줄여도 인류가 온실화(溫室化)된 지구를 통제하기는 불가능하게 된다."라고 확언하였다. 이는 우리 앞에 인간의 힘으로 어찌할 수 없는 어려운 먹구름이 몰려오고 있음을 경고하는 것이며, 우리는 이를 경청하고, 주저할 것 없이 사고의 대전환으로 근본적인 대응책을 강구하게 되기를 두 손 모아 기원할 뿐이다.

끝으로, 어려운 시기에 다른 때와 마찬가지로 이 책의 출판을 흔쾌히 맡아주신 이주현 해조음 출판사 대표에게 감사드리고, 아울러 코비드-19로 인한 여러 불편에도 불구하고 이 책이 나오기까지 여러모로 애써준 해조음 출판사의 여러분에게 고마움을 표한다.

2020년 삼복(三伏)을 나면서
丹心齋에서 학산 이상규 씀

일러두기

1. 독자의 편의를 위하여 될 수 있는 대로 한글전용에 힘쓰되, 혼동의 우려가 있는 부분은 괄호 안에 한자나 영문을 함께 적었다.

2. 한자를 병기하면서 한자를 풀어 쓴 곳에는 한문을 큰 괄호[ ]로 묶어 넣었고, 일반적인 한자의 병기는 작은 괄호( ) 속에 묶어 넣었다.

3. 근래에 외래어의 사용이 많아지고 또 외국어 표기가 오히려 이해하기에 편한 경우가 있어, 그러한 경우에는 한글로 표기하고 괄호 안에 원음을 표기하였다.

4. "여덟 가지 바른길"은 저자가 펴낸 "네 가지 거룩한 진리와 '공'"에서 다룬 여덟 가지 바른길에서 저자 자신의 편의상 많이 옮겨 적었음을 밝혀 둔다.

5. 우리나라에서 일반적으로 사용하는 '코로나바이러스 감염증'은 세계보건기구(WHO)에서 정하여 세계적으로 통용되고 있는 '코비드-19(COVID-19)에 따랐다.

차 례

머리말

일러두기

들어가면서

제1장 연기법과 '공'

제2장 붓다가 가르친 것의 핵심

제3장 어떻게 해야 할 것인가?

제4장 어떻게 살 것인가?

들어가면서

올해 들어서기가 무섭게 시작된 코비드-19(COVID-19)의 창궐(猖獗)이 온 세상을 뒤흔들고 있다. 그에 대한 방비책의 하나로 대부분의 국가가 국경폐쇄와 '사회적 거리두기'를 단행하고, 국제항공 노선이 대부분 단절되어 세계적인 협력관계를 바탕으로 작동(作動)되던 국제적인 경제활동은 물론, 사람들의 관계로 이루어지는 각종 경제활동이 크게 마비되었다. 국가 간의 관계는 대부분 소강상태(小康狀態)에 접어들고, 개인생활은 되도록 다른 사람과의 접촉을 피하는 가정 중심의 소극적인 것으로 움츠러든 것이 사실이다. 그런데도 이 역질(疫疾)은 세계적으로 적어도 지금(2020. 8. 10)까지 215개국에 전파되어 감염자 수가 2,000만 명을 넘고, 사망자도 70만 명을 초과한 것으로 집계되었다. 그러니, 1660년대의 유럽을 공포의 도가니에 몰아넣었던 흑사병(黑死病: pest) 이후에 벌어진 몇 안 되는 역질의 세계적인 전파[pandemic]라고 하여도 과언이 아닐 것이다.

　문자 그대로 '엎친 데 덮친 격'이라고 하지 않을 수 없다. 산업혁명을 계기로 증가하기 시작한 이산화탄소(CO_2)는 20세기 들어서의 급격한 상업화와 자동차 등 운송 수단의 급증으로 말미암아 지구의 온난화가 가속화됨으로써 이미 세계 도처에서 빙하(氷河)는 물론 북극지방의 만년설과 얼음까지 녹아내림으로써 북극곰을 비롯한 생물의 생존을 위협하게 되었음은 이미 잘 알려진 사실이다. 어디 그뿐인가? 우리나라의 경우 근년에 들어 예전 같으면 상상조차 하지 못할 강원도에서 사과나 포도 재배가 가능하게 되었으니 온난화의 급속한 진전을 실감하게 하고 있다. 현재와 같은 속도로 지구 온난화가 진행된다면 앞으로 30년 이내에 지구의 온도는 평균 섭씨 4도 정도 상승함으로써 약 2억 8천만 년 전에 있은 페름기(Permian period) 이후 처음으로 맞는 이산화탄소의 급증으로 인한 지구환경의 변화에 따른 생물의 대량 멸종(滅種)의 위험에 직면하게 된다.

　육안으로는 볼 수도 없는 극미수준(極微水準: micro-level)의 바이러스(virus)가 70억 인구의 세계를 뒤흔들어 공포의 도가니에 몰아넣고, 국내외 질서를 온통 마비(痲痺)시키고 있다. 하기야, 우리가 일상생활을 통하여 대하는 '것'은 가시적(可視的)

인 크기의 것, 곧 거시상태(巨視狀態: macro state)이지만, 우주 만물의 근본은 우리 눈에 띄지 않는 극미립자(極微粒子: particle)나 에너지(energy)와 같은 극미상태(極微狀態: micro state)라는 것이 진실이다. 사람의 몸만 보더라도 약 100조에 가까운 세포가 모인 세포집단(細胞集團)으로, 이들 세포도 결국은 59종에 달하는 다양한 원소, 그 가운데에서도 99% 이상을 차지하는 산소, 수소, 칼슘 및 질소와 소량의 인(燐)과 황(硫黃)으로 이루어져 있고, 에너지(energy)로 인하여 활력(活力)이 유지되는 것이어서, 사람이라는 것도 본질적으로는 다른 생물들과 크게 다를 것이 없음을 알 수 있다.

그런데, 우리가 알고 있는 에너지라는 것은 가능성을 현실화하는 운동이며, 현대물리학의 성과로 드는 양자역학(量子力學: quantum mechanics)은 극미상태의 입자(粒子: particle)와 파동(波動: wave) 사이를 넘나드는 근본물질인 양자(量子: quantum)는 생명과 우주의 진실은 모든 것의 상호작용(相互作用)의 연속이라는 것을 밝혀주고 있다. 저명한 양자물리학자인 자용크(Authur Zajonc) 박사는 "모든 '것'은 각각 분리된 개체(個體)인 것이 사실이지만, 더욱 미세한 수준으로 내려가면 그들은 서로가 상호연결(interconnection)되어 있다. …… 우주의 아주 많은 부분은 우리가 짐작하기조차 어려울 정도로 서로 연결되어 있다."[1]라고 확언한 것이 바로 위와 같은 취지를 잘 보이는 예라고 할 수 있다.

우주의 진리가 상호의존관계(interdependency)임에도 불구하고, 사람은 만물의 영장(靈長)이라는 관념이나 인간중심주의(anthropocentrism)에 매료(魅了)되어 인간은 다른 것과는 비교할 수 없는 우월한 존재라는 관념이 확고한 것이 사실이다. 특히, 성경의 구약(舊約) 중 창세기(創世記) 1장에서 "하나님이 자기 형상, 곧 하나님의 형상대로 사람을 창조하시되 남자와 여자를 창조하시고, 하나님이 그들에게 복을 주시며, 하나님이 그들에게 이르시되 생육하고 번성하여 땅에 충만하라. 땅을 정복하라. 바다의 물고기와 하늘의 새와 땅에 움직이는 모든 생물을 다스리라 하시니라."[2] 라는 구절은 인간중심주의를 주창하는 사람들의 합리적인 근거로 작용한 것이 사실이다. 그러한 탓으로 특히 구약성서를 공유(共有)하는 서구사회를 중심으로[3] 인간 생활의 풍요와 편의를 도모한다는 명목 아래 자행되고 있는 자연훼손과 동·식물의 남획은 결국 오늘날과 같은 자연환경의 파괴와 수많은 동·식물의 멸종을 초래함으

---

1   Hasenkamp and White, eds., The Monastry and the Microscope, 35.

2   창세기 1장 26 내지 28.

3   구약성서는 유대교뿐만 아니라, 그리스도교와 이슬람교도 공유한다.

로써 사람의 생존 자체를 위협하는 상태에까지 이르게 되었음은 이미 널리 알려진 사실이다. 상호의존관계에 있어야 할 존재들 사이의 관계성이 무너지는 것은 존재의 바탕을 뒤흔드는 것이라 하겠다.

이와 같은 상황에서 떠오르는 것은 곧 붓다의 가르침이다. 붓다께서는 가야(Gaya)에서 멀지 않은 니련선하(尼蓮禪河: nairenjana) 가까이에 있는 흑림산(黑林山)에서 6년에 이르는 혹독한 고행(苦行)을 하셨다. 그리고 니련선하 옆 나지막한 언덕에 늠름하게 서 있는 보리수 밑에서 선사(禪思)하시던 중 우주의 진리인 연기법(緣起法)을 깨치심으로써 성불하신 붓다께서는 반열반(般涅槃)에 드시기까지 45년간에 걸쳐 중생제도(衆生濟度)에 여념이 없으셨음을 우리는 잘 알고 있다. 붓다께서 재세 당시에 설법(說法)하신 가르침을 담은 초기경인 아함경(阿含經)만 해도 무려 183권 2,086경에 이르는 많은 양이고, 후기경인 이른바 대승경전(大乘經典) 또한 방대한 양이지만, 그 가르침의 근간(根幹)을 이루고 있는 근본원리는 연기법과 '공(空)'이라고 할 수 있다. 우주는 어떤 의도도 없이 오직 우주의 근본적인 법칙에 따라 이루어지고 움직일 뿐이며, 그 근본 법칙이 연기법과 '공' 임을 깨쳐 아신 것이다.

연기법은 뒤에서 살펴보는 바와 같이 모든 '것'은 원인과 그에 걸맞은 조건의 화합(和合)으로 이루어지며, 연(緣)이 다하면 무너져 원래의 상태로 되돌아감을 말하는 것으로, 과학계에서는 흔히 인과법칙(因果法則)이라고 부른다. 이에 대하여, '공'은 모든 '것'은 인연이 닿아 여러 인자(因子)가 모여 구성된 것으로, 그 '것'은 일정한 기간 존재하면서 변하고 망가져 결국은 본래의 상태로 돌아가는 것[返本還元]이어서, 어느 '것'하나 본래부터 그 자체로서 실체성(實體性)을 지니는 것은 없다는 것, 곧 모든 '것'의 무실체성(無實體性)을 가리킨다. 그렇기 때문에, 연기법과 '공'의 원리는 당연히 모든 '것'은 서로의 연관 아래 이루어지게 하는 것, 곧 의존적 출현(dependent arising)을 필요로 하는 것이고, 따라서 그 '것'이 존재를 유지하는 것도 상호의존관계(相互依存關係: interdependence)에 의한 것임은 당연한 일이다. 그래서 이 세상에 존재하는 '것' 치고 인연(因緣) 없이 무(無)에서 새로이 생겨난 것은 하나도 없고, 다른 '것'들과 아무런 의존관계도 없이 홀로 존재할 수 있는 것도 찾아볼 수 없다.

우주의 원리가 이러함에도 불구하고, 서구적인 본질주의와 실재론(實在論)을 바탕으로 인간은 만물의 영장(靈長)으로 우월한 존재라는 관념에 사로잡혀 오로지 인간의 풍요와 편의

를 도모한다는 미명(美名) 아래 무작정 자연을 훼손하고 동·
식물을 남획하며, 좋아하는 것을 즐긴다는 구실로 아무것이
나 먹어대는 것이 인간의 작태(作態)가 되고 있음을 볼 때, 이
같은 상황이 과연 언제까지 지탱될 수 있을지 걱정이 아닐 수
없다. 가까이에 있는 어느 나라에서는 "네 발 달린 것은 책상
을 빼고는 다 먹고, 나는 것은 비행기 외에는 모두 먹는다."는
말이 있을 정도라고 하니, 한심한 일이 아닐 수 없다. 사람은
우주는 고사하고 이 태양계에서조차 극히 작은 존재에 지나
지 않는다. 사람도 연기와 '공'의 법칙에 따라 여러 인자(因子)
가 모임으로써 생겨나 그 존재를 유지하면서 변하고 쇠해 결
국 원래의 상태로 되돌아가는 존재라는 것을 안다면 당연히
우리를 둘러싸고 있는 헤아릴 수 없이 많은 '것'들과의 상호
관계성(相互關係性)을 존중하고 소중히 여기는 가운데 서로 의
존하고 도와나가는 것이 온당한 일임은 다시 말할 나위조차
없다. 저자로서는 작금에 벌어지고 있는 재앙(災殃)은 인간이
다른 것과의 관계성(關係性)을 도외시한 채 오로지 탐욕을 향
하여 치달으며 무절제한 생활을 일삼는 어리석음에서 오는
과보(果報)처럼 여겨져 불안하기 짝이 없다. 이 이상 미온적인
대증요법(對症療法)만으로는 근본적인 해결이 어려울 것 같다.

이에 생각난 것이 붓다께서 펴신 가르침의 핵심이다. 왜

냐하면, 붓다의 가르침의 근본원리는 연기법과 '공' 의 관념이며, 실천적(實踐的) 가르침의 핵심은 바로 사람이 괴로움에서 벗어나게 하는 네 가지 거룩한 진리, 곧 사성제(四聖諦)이기 때문이다. 붓다께서는 종교를 말하지 않으셨다. 그뿐만 아니라, 붓다께서는 스스로 우리와 같은 사람임을 분명히 하셨다. 그는 형이상학적(形而上學的)인 문제는 어쨌든 무기(無記)로 돌리고, 오로지 괴로움의 늪에서 헤어나지 못하는 중생들을 제도하여 괴로움에서 벗어나게 하시려고 갖가지 방편으로 가르침을 펴셨다. 그러나 붓다의 가르침은 그 양이 워낙 방대하여 그것을 모두 익히기란 쉬운 일이 아닐 뿐 아니라, 그것을 모두 배워 익히지 않더라도 가르침의 근본을 이루는 핵심을 이해한다면 그것으로 무방하리라 여겨지는 것이 저자의 생각이다.

제1장

연기법과 공

제1절 연기법

1. 연기법이란 무엇인가?

연기법(緣起法: rule of causality)을 간단히 말한다면 어떤 원인이 있고 그에 걸맞은 조건이 화합하여 상응하는 결과가 있게 하는 법칙을 말한다. 이는 인연생기(因緣生起)라는 말을 줄인 것으로, 인과법칙(因果法則)이라고도 하며, 과학계에서는 인과법칙이라는 말을 주로 사용한다.

붓다께서는 흑림산에서 6년에 걸친 혹독한 고행(苦行) 끝에 보드가야(Bodh Gaya) 나이렌자나강가 나지막한 언덕바지에 자리 잡은 보리수 밑에서 연기법을 깨치심으로써 성불하신 것으로 알려져 있다. 붓다께서 "연기를 보는 자는 법을 보고, 법을 보는 자는 연기를 본다."라고 하실 정도로, 연기법은 붓다의 가르침의 근간(根幹)을 이루는 중요한 원리이다. 연기법은 시공(時空)을 초월하여 보편타당성을 갖는 우주의 진리이기 때문이다.

연기법경(緣起法經)[4]에 의하면, 한 비구(比丘)가 "연기법은 세존께서 만드신 것입니까? 다른 사람이 만든 것입니까?"라고 묻자, 붓다께서는 다음과 같이 답하셨다고 한다. 곧,

"연기법은 내가 만든 것이 아니요, 또한 다른 사람이 만든 것도 아니다. 그러나 그것은 여래가 세상에 나오거나 세상에 나오지 않거나 법계(法界)에 항상 머물러 있다. 여래는 이 법을 스스로 깨닫고 정등각(正等覺)을 이루어 모든 중생을 위하여 분별하여 연설하고 드날리고 드러내 보이니라. 이른바, '이것이 있기 때문에 저것이 있고, 이것이 일어나기 때문에 저것이 일어난다.'는 것이다. 무명을 인연하여 뜻함이 있고 내지 순전한 큰 괴로움의 무더기가 모이며, 무명이 사라지기 때문에 뜻함이 사라지고 내지 순전한 큰 괴로움의 무더기가 사라지느니라."

이렇게 말씀하신 것은 연기법의 법계상주성(法界常住性)과

---

4 잡아함 12: 229 연기법경.

함께 연기법의 내용을 진솔하게 밝히신 예라고 할 수 있다. 이러한 연기법은 남방불교인 상좌부불교(上座部佛敎: Theravada), 이른바 대승불교(大乘佛敎: Mahayana)와 금강승(金剛乘: vajirayana)을 관통하는 공통분모(共通分母)가 되는 것임은 다시 말할 나위조차 없다. 연기는 위에서도 밝힌 바와 같이 원인과 조건의 화합(和合)으로 생긴다는 것, 바꾸어 말하면 원인이나 조건 없이 생기는 것은 없다는 것을 뜻하는 것이어서, 결과로 연결될 원인과 그 원인을 결과와 연결하게 할 조건의 존재를 필요로 하는 것임은 당연한 일이다.

2. 인과의 상호관계성

연기법의 구체적인 내용에 앞서 관련되는 용어를 정리할 필요가 있을 것 같다. 앞에서도 지적한 바와 같이 '연기법'은 더러 '인과법'으로도 불린다. 그러나 이는 다분히 오해의 소지가 있을 수 있는 표현이다. 왜냐하면, 인과법이라고 하면 '원인'과 '결과'가 분리된 각각 별개의 것으로 도식화(圖式化)해서 생각할 수 있기 때문이다. 곧, 원인은 항상 결과에 앞서고, 하나의 원인은 반드시 하나의 결과로 이어지는 것으로 보는 것이다. 그러나 모든 것은 원인과 조건이 화합한 결과인 것이어서, 원인이 결과를 맺을 적절한 조건이 곁들이지 않는다면 원인이 있어도 그에 대한 결과가 따르지 않을 수 있음은 당연한 일이다. 예컨대, 꽃의 충실한 씨앗이 땅에 떨어졌지만, 우연히도 그 씨앗이 바람에 날려 아스팔트 도로 위로 날려간 뒤 비가 옴으로써 하수도 속으로 흘러 들어갔다면 그 씨앗은 결과를 맺지 못한 채 썩고 말 것이다. 그뿐만 아니라, 하나의 원인이 하나의 결과를 가져온다는 것은 비현실적인 일이다. 왜냐하면, 원인은 동시에 결과로서의 의미를 갖는 것이기 때문이다. 예컨대, 달걀은 닭 속에 들어 있고, 닭은 달걀 속에 있다. 그러므로 닭과 달걀은 상호의존관계(相互依存關係)를 전제로 생기는 것임을 알 수 있다. 원인은 결과를 맺되, 결과는 또한 다른 것의 원인이 되는 순환관계(循環關係: cyclic rotation)에 있는 것임을 이해하여야 한다. 그렇기 때문에 연기는 시간과 공간을 초월하는 개념이다.

연기적(緣起的)인 사유(思惟)를 통하여 우리는 결과 안의 원인을 파악하고, 원인 안에 존재하는 결과를 살핌으로써 상즉상입(相卽相入), 곧 파도와 물의 경우처럼 원인과 결과가 조건을 매개(媒介)로 서로 자기를 폐(廢)하여 같아지고, 서로 걸림 없이 융합(融合)하는 관계를 통찰(洞察)할 수 있다. 그와 함께, 연기적 사유는 무상하고 가변적(可變的)인 것 자체가 그대

로 불변의 진리로 파악하는 지혜로 통한다는 점에서, 플라톤
(Platon)이나 아리스토텔레스(Aristoteles)와 같은 고대 그리스의
철학자들이 무상하고 가변적인 것 너머 불변의 진리를 추구
한 것과는 대조를 이룬다.

　여기에서 연(緣)에 대하여 잠깐 살피고 넘어가는 것이 좋
을 것 같다. '연'이란 한 마디로 원인을 도와 결과를 낳게 하
는 조건이나 작용을 말하며, 범어로는 파카야(paccaya)라 한
다. 같은 원인이라 해도 그 원인을 실현하게 할 조건에 따라
결과를 낳는 시기나 상태가 다르다는 것은 우리가 일상에서
경험하는 일이다. 예컨대, 같은 밤나무에서 딴 같은 밤송이
속의 세 개의 밤을 하나는 햇볕이 잘 들고 물기가 있는 곳에
심고, 다른 하나는 토박(土薄)한 곳에 있는 큰 나무 밑에 심었
으며, 마지막 하나는 개천가에 심었다. 그러자, 같은 밤송이
속의 밤 세 개를 같은 날 심었는데도 양지바르고 물기가 있는
곳에 심은 밤은 일찍 싹이 터서 잘 자라고 있는데, 토박한 곳
의 큰 나무 밑에 심은 밤은 한 달쯤 뒤에야 싹이 텄지만 자라
는 것이 신통하지 않고, 개천가에 심은 다른 하나는 영영 싹
이 트지 않고 말았다. 이는 식물이 싹을 틔우고 자라는데 필
요한 기본적인 조건인 햇빛과 수분이라는 조건이 각각 달랐
기 때문에 일어난 결과의 차이인 것이다. 결국, 같은 나무에

열린 씨앗도 떨어질 때의 상황, 떨어진 위치, 떨어진 상태 등에 따라 운명이 달라지는 것임을 알 수 있으며, 심지어 같은 나무의 열매도 맺은 위치나 상태에 따라 모양이나 맛은 물론, 익는 상태조차 차이가 남을 알 수 있다. 그뿐만 아니라 모든 것은 시기나 조건 등의 연에 따라 그것이 지니는 의미 자체가 달라질 수 있음을 이해하여야 한다. 예컨대, 악기인 바이올린은 기악연주가(器樂演奏家)나 음악애호가에게는 악기임이 분명하다. 그러나 어린아이에게는 소리 나는 장난감이고, 고물장식가(古物粧飾家)에게는 실내장식품이며, 추운 겨울밤 선방(禪房)에 앉은 단하선사(丹霞禪師)에게는 땔감이 될 것이다. 결국, 바이올린이라고 해도 특정한 조건 아래에서만 악기로 인정되고 또 악기 구실을 할 수 있다. 그러므로 어느 것 하나 고정되고 불변(不變)하는 본성(本性)은 없고, 시기와 주어진 조건에 따라 그 '것'의 의미와 위치 및 효용이 달라진다고 할 수 있다.

3. 연기법의 내용

연기법의 소박한 내용은 잡아함의 연기법경을 통해서 알 수 있다. 곧, "이것이 있기 때문에 저것이 있고, 이것이 일어

나기 때문에 저것이 일어난다. 무명을 인연하여 뜻함이 있고
내지 순전한 큰 괴로움의 무더기가 모이며, 무명이 사라지기
때문에 뜻함이 사라지고 내지 순전한 큰 괴로움의 무더기가
사라지느니라."라고 한 것이 그것이다. 앞엣것을 2지(二支)인
연이라 하고, 뒤엣것을 십이지(十二支)인연이라 부른다. 연기
법의 내용을 설명함에 있어서는 '인연 고리'에 따라 여러 방
법이 있으나, 가장 대표적인 설명 방법으로 쓰이는 것이 이들
두 가지, 곧 2지와 십이지다.

이지인연(二支因緣)이란 앞의 경문에서 보듯이 "이것이 있
기 때문에 저것이 있고, 이것이 일어나기 때문에 저것이 일어
난다."는 것으로, 원인과 결과의 상관관계(相關關係)를 직접 연
결해 설명한 것이다. 그러므로 원인이 없다면 결과가 따르지
않는다는 소박한 설명이지만, 붓다께서 보드가야의 보리수
밑에서 연기법을 깨치심으로써 성불하신 뒤, 그 오묘 불가사
의한 우주의 진리인 연기법을 중생들에게 알아듣기 쉽게 설
명하시기에는 가장 적절한 방편이었을 것으로 짐작된다.

십이지인연(十二支因緣)은 위의 경문에서 "무명을 인연하
여 뜻함이 있고 내지 순전한 큰 괴로움의 무더기가 모이며, 무
명이 사라지기 때문에 뜻함이 사라지고 내지 순전한 큰 괴로

움의 무더기가 사라지느니라."라고 한 부분에 해당하나, 거기에서는 십이지를 일일이 열거하지 않고 무명(無明)과 뜻함[行] 다음은 '내지'로 생략하여 마지막의 '순전한 괴로움의 무더기'와 연결하였다. 붓다께서 왕궁에서 왕자로서의 호화로운 생활과 기약된 왕좌를 헌신짝처럼 버리고 출가하여 고행의 길에 드신 것은 오로지 생로병사(生老病死)의 괴로움의 늪에서 허덕이고 있는 중생을 제도하여 괴로움에서 벗어나게 하려는 일념 때문이었음은 널리 알려진 바와 같다. 그런 까닭에, 연기법을 깨치심으로써 성불하신 붓다께서는 그 연기법을 사람이 태어나 살고 늙어 병들어 죽는[生老病死] 괴로움을 없애는 문제와 연관 지어 내용을 파악할 수 있는 십이지인연을 드러내 보인 것이다. 십이지인연의 고리를 보면 1) 무명(無明), 2) 뜻함[行], 3) 의식[識], 4) 명색(名色), 5) 육입(六入), 6) 닿음[觸], 7) 느낌[受], 8) 애욕[愛], 9) 집착[取], 10) 존재[有], 11) 낳음[生]과 12) 늙고 병들며 죽음[老病死]의 열두 가지이다. 곧, 무명으로 인하여 뜻함이 생기고, 뜻함으로 인하여 의식이 생기며, 의식으로 인하여 몸과 정신이 생기고, 몸과 정신으로 인하여 육근(六根)이 생기며, 육근으로 인하여 닿음이 있고, 닿음으로 인하여 느낌이 생기며, 느낌으로 인하여 애욕이 생기고, 애욕으로 인하여 집착이 생기며, 집착으로 인하여 존재가 생기고, 존재로 인하여 태어남이 있으며, 태어남으로 인하여 늙고 병들며 죽음이 있다는 것이다. 그러므로 위에서 본 바와 같이 원인은 결과를 낳고 결과는 또 다른 것의 원인이 되는 상호교호관계 (相互交互關係)에 있음을 알 수 있다.

제2절 '공'

　　'공(空)'의 일반적인 개념은 그 자체로서 본래부터 존재하는 실체(實體)는 하나도 없다는 것으로, 그러한 '공'의 개념은 연기의 개념과 일종의 짝을 이루는 것이라고 할 수 있다. 어떤 '것'이 무엇인가가 되는 것이 연기적 조건(緣起的 條件)으로 인한 것이라면, 아직 어떠한 연기적 조건과도 만나기 전의 상태가 '공'이다. 예컨대, 달걀은 어미 닭이 품으면 생명을 잇는 '알'이지만, 슈퍼마켓에 진열되면 음식 재료이고, 성난 시위군중의 손에 들리면 폭행의 도구가 되는 것처럼, 알, 음식 재료 또는 투척물(投擲物)이라는 '것'이 따로 있는 것이 아니고, 그것들의 의미는 연기로 인해서 주어지는 것이다. 그러므로 '공'을 본다는 것은 연기적 조건에 따라 얼마든지 달라질 수 있는 '것' 이전의 상태, 곧 연기 이전의 잠재성(潛在性)을 보는 것이다. 선승(禪僧)들이 자주 화두(話頭)로 드는 "부모로부터 태어나기 이전의 본래의 나"[父母未生前 本來面目?]는 무엇인가? 곧, '참 나'는 무엇인지를 추구하는 것과 같은 것이 '공'을 보려는 것이다. 그와 같이 거슬러 올라가면 결국은 그 '것'을 이루고 있는 원소(元素) 내지 미립자(微粒子)의 상태를 뜻하는 것이 되어, 《금강경》에서 말한 "여러 곳에 모습이 있으나, 모두 허망한 것이다"[凡所有相 皆是虛妄]라는 상태가 된다. 오죽하였으면 카를로 로벨리(Carlo Rovelli) 교수 같은 저명한 양자물리학자가 그의 저서 이름을 "실체는 그것처럼 보이는 것이 아니다."(Reality is nor what it seems)라고 하였겠는지 짐작이 간다. 그는 위의 책에서 "실체(實體: reality)는 관계의 연결망(network of relation)이지, 개별적인 물체가 아니다."[5]라고 확언하였는데, 위에서 본 금강경의 구절과 같은 취지의 것이라고 할 수 있다.

1. '공'이란 무엇인가?

'공'은 불교의 진수(眞髓)를 나타내는 말이라고 할 수 있는데, 알 듯하면서도 잘 모르고, 분명한 것 같으면서 애매한

---

5 Rovelli, 상게서, p.254.

것이 바로 '공(空)'의 개념이다. 우리는 날마다 감각기관인 육근(六根)을 통해서 갖가지 물건 등을 보고, 여러 가지 소리를 들으며, 음식의 맛을 느끼면서 살아간다. 사람들은 흔히 그처럼 보고 들은 것이 모두 각각 독립된 본래의 실체로 생각한다. 그러다 보니, 사람들은 자기의 마음에 드는 것에 매달리고 집착하여 갖은 편견을 불러일으켜서 결국 괴로움으로 연결된다.

필자가 2006년 2월 초 인도에서 성지순례 길에 우연히(?) 달라이 라마(H.H. Dalai Lama)를 다시 만나 연기와 '공'에 관한 이야기를 나누던 중, 달라이 라마께서는 "잘 관찰한다면 모든 '것'은 그 자체로서 독자성(獨自性)을 가질 수 있는 본래적인 실체(實體)나 절대적인 존재성(存在性)을 지닌 것이 없어, 불교에서는 그것을 '공'(空: sunyata, emptiness)이라고 묘사한다."라고 하면서, "'공'이란 텅 비어 아무것도 없다는 것이 아니라, 본래 그 자체로서 존재하는 실체는 없다는 것"이라고 강조한 것이 생각난다. 여기에 우리가 육안(肉眼)으로 보는 '견(見)'과 마음의 눈[心眼]으로 보는 '관(觀)'과의 차이를 엿볼 수 있다.

우주는 '공'하다라고 한다면 무엇이 어떻게 '공'하다는 말인가? 여기에 하나의 유리컵이 있다고 하자. 물이 가득 든 컵을 들고 이 컵은 비었는가? 라고 묻는다면, 누구나 그 컵에는 물이 가득하다고 대답할 것이다. 물을 모두 쏟아낸 다음 다시 이 컵은 비었는가? 라고 물으면 이번에는 모두 그렇다고 답할 것이다. 그러나 그 컵에 물은 없지만 여러 원소와 에너지를 담고 있는 공기로 가득 차 있다. '공' 곧, 비었다는 것은 무엇인가가 결여되어 있다는 것이고, 애당초 아무 것도 없는 것이 빌 수는 없다. 붓다께서 '공'한 것이라고 한 것은 우주의 모든 것이 '공'하다고 본 것이다. 여기에서 '공'하다는 모든 '것'은 우리가 무엇인가라고 부르는 현상의 본래적인 실체이다. 모든 물질[色]은 우리의 정신작용[受, 想, 行, 識]의 결합으로 우리의 인식 속에 들어온 것이지, 그 어느 하나도 본래부터 스스로 그대로 존재하는 실체가 있는 것은 아니라는 것이다.

또 한 예로, 지금 내 책상 위에 놓인 낡은 기계식 자명종 시계를 보자. 그 시계는 상당히 오래된 것이기는 하지만, 한때도 쉬지 않고 째깍째깍 소리를 내면서 바늘을 움직여 시간을 알려준다. 그 소리 나는 곳을 찾아보려고 시계를 뜯어 분해하자 소리는 없어지고, 눈앞에 놓인 것은 수많은 부속품뿐이다. 소리를 내는 곳을 찾아보아도 도무지 찾을 수가 없다. 왜 그런가? 본래부터 소리를 내는 실체가 따로 있는 것이 아니라, 시계를 이루는 여러 부속이 제대로 결합하여 움직임으로써 그런 소리가 난 것이다. 그러니 소리가 따로 있는 것이 아니요,

애당초 그 소리를 내는 무엇인가가 본래부터 따로 있는 것도 아니다. 결국, 모든 것은 어느 하나도 본래부터 스스로 그대로 존재하는 실체는 아니라는 것을 알 수 있다.

한편, 세계적인 천체물리학자로 알려졌던 영국 케임브리지대학의 스티븐 호킹 교수는 그의 위대한 설계(the Grand Design)에서 "우리와 우리 주변의 사물들은 상상을 초월할 정도로 많은, 관찰 가능한 우주에 있는 별들보다 더 많은 원자로 이루어진 복합물(複合物)이다. 인간을 비롯한 물건들은 거대한 원자집단(原子集團)인데, 그런 집단의 구성요소인 원자들은 양자물리학의 원리를 따르지만, ... 뉴턴의 법칙들은 우리의 일상 세계에 있는 복합물들의 행동을 매우 정확하게 기술하는 유효이론(有效理論)이다.[6]"라고 주장함으로써, 생물을 포함한 모든 사물의 근본 현상을 잘 설명하였던바, 그 설명 역시 '공'의 뜻을 잘 나타내고 있다. 미국 하버드대학의 심리학 교수였던 람 다스(Ram Dass)[7]는 그의 저서 『지금 사랑하라(Be Love Now)』에서 "우리 인간의 모습(form)은 아원자(亞原子: subatomic)로부터

---

6   Stephen Hawking/Leonard Mlodinow(전대호 역), 위대한 설계, 2010, 84쪽.

7   본명은 리차드 알퍼트(Richard Alpert, PhD.)였으며, '람 다스'라는 이름은 그가 사사(師事)한 그루(Guru) 마하랏지(Maharaj-ji)가 준 이름이다.

우주적 규모의 것까지로 구성되고, 또 그러한 것들로 둘러싸여 있다. 모습의 주된 성질은 모든 '것'이 시간 안에 있는 것이어서 변화한다는 것이다. 이것이 우리가 '이것'에서 다음에는 어떻게 될지를 모른다고 말하는 이유이다. 무엇이 참으로 계속적인가? 상대성과 스스로 변한다는 것 외에는 실제로 영원한 것은 없고, 고정된 것도 없으며, 계속되는 것도 없다.[8]"라고 분명히 밝힌 것은 '공'의 상태를 잘 설명한 예의 하나라고 할 수 있다.

여기에서 다시 분명히 할 것은 '공'이라고 해서 우리가 일상에서 보는 여러 현상을 부인하는 것이 아니라, 우리가 보는 '것'들의 실체성(實體性)을 부인하는 것이라는 점이다. 우리가 늘 대하거나 쓰는 물건을 비롯하여 모든 현상의 존재는 그대로 인정하되, 그것들은 모두 인연에 따라 여러 인자(因子)가 결합하여 이루어진 것이어서, 그 자체로서의 실체가 없다는 것이다. 그처럼 만들어진 것은 속도에 차이는 있어도 변하여 결국 사라지고 만다. 그러므로 '공'은 우리가 늘 대하는 현상이 무(無)라고 하여 그 존재 자체를 부정하는 것이 아니라, 그 본래의 실체가 없음을 분명히 하는 것임을 유의하여야 한

---

8 Ram, 상게서 p. 63.

다. 곧, 명추회요(冥樞會要)[9][10]에서 "인연 따라 생겨서 자성(自性)이 없을 뿐이므로, '결정코 없다' 는 것은 아니다."라고 분명히 밝힌 것과 같다.

2. 모든 것은 '공'에서 와서 '공'으로 돌아간다

저자의 책상 위에는 검은 바탕 위에 직경이 2mm쯤 될까 말까 하는 흰 점 하나와 그 옆에 보일락 말락 하게 작은 점 하나가 있는 사진을 담은 자그마한 액자 하나가 놓여 있다. 미국의 항공우주국이 발표한 토성(土星)에서 14억km 떨어진 지구와 달을 찍은 사진이다. 그 사진을 보고 있노라면 우주의 한쪽 구석에 위치한 태양계 안에서도 작은 행성인 지구와 그 안에서 적자생존(適者生存)의 법칙에 따라 생멸(生滅)을 거듭하고 있는 인간을 비롯한 생물들의 존재가 어떠한 것인지를 새삼스럽게 느끼지 않을 수 없다.

원래, 우주는 아무런 의도도 없이 정해진 법칙에 따라 움

---

9 영명연수선사(永明延壽禪師)의 종경록(宗鏡錄) 백 권의 촬요본(撮要本)이라고 할 수 있는 것으로, 회당조심(晦堂祖心)이 엮어낸 책이다.

10 같은 책, 76쪽

직일 뿐이며, 불멸하는 것은 오직 미립자(微粒子)와 에너지(energy)뿐이고, 모든 것은 생주괴멸(生住壞滅)의 테두리를 벗어나지 못한다. 생겨나고 머물며 무너져 사라짐[生住壞滅]을 사람의 경우에는 특히 생로병사, 곧 태어나 늙고 병들며 죽는다[生老病死]라고 표현하는 것이 보통이나, 같은 말이다. 그런데, 앞의 생로병사에서 특히 두드러진 것은 태어남[生]과 죽음[死]이지만, 이들은 모두 당사자의 뜻과는 관계없이 벌어지는 일이다. 태어나려는 의지(意志)로 태어나는 것이 아니요, 죽고자 하는 뜻에 따라 죽는 것도 아니다. 결국, 사람이 나고 죽는 것은 자기의 생각과는 관계없이, '공'의 상태 안에서 인연이 닿아 수많은 인자(因子)가 결합하여 사람이라는 존재를 이루어낸 것이 '태어남'이요, 그와 같이 생겨나 사람이라는 존재를 유지하며 이른바, 삶을 유지하면서 많은 햇수가 쌓임으로써 늙고 병든 몸이 어느 날 갑자기 나간 숨이 멈추어 돌아오지 않음으로써 사람을 이루고 있던 인자들이 원점으로 돌아가 다시 '공'의 상태로 복원하는 것이 '죽음'인 것이다. 결국, '공'에서 와서 '공'으로 돌아가는 순환과정(循環過程)에 있는 것에 지나지 않는다. 그러나 사람을 비롯한 모든 것은 돌멩이 하나도 예외 없이 같은 근원(根源)에서 왔다가 다시 그곳으로 돌아가는 형제자매인 셈이다.

3. '공'은 '무'가 아니고, 상호의존관계의 바탕

앞에서 '공'에 관하여 간단히 살펴보았거니와, '공'은 '무(無)'와는 전혀 다른 것임을 유의하여야 한다. 얼핏 생각하면, '공(空: emptiness)'이란 '비었다'는 뜻이니, '빈 것'은 아무것도 '없다(nothingness)'는 뜻이라고 생각하기 쉬우나, 아무것도 없이 텅 빈 공간은 물리적(物理的)으로 있을 수 없다. 과학자들이 실험목적으로 만들어내는 진공(眞空: vacuum) 상태라는 것도 낮은 수준의 양자장(量子場: quantum field)과 전자력장(電磁力場:electromagnetic field) 및 거기에서 자연히 튀어나오는 입자(粒子)들은 그대로인 것이어서, 갈파드(Christophe Garfard) 박사가 단언한 바와 같이 "이 세상에 아무것도 없는 것과 같은 것은 없다."[11] 더욱이, 영국 월윅대학(University of Warwick)의 이안 스튜어트 교수는 "오늘날의 물리학에 있어 진공은 결코 빈 공간이 아니다."[12]라고 분명히 밝히고 있음을 상기할 필요가 있다. 결국, '공'은 '무'의 뜻과는 거리가 먼 것임을 알 수 있다. 이를 위에서 본 람 다스는 "'공'의 역설적(逆說的: paradox)인 것 같은 점은 그것은 참으로 충만한(fullness) 것이라는 점이다."[13]라고 하여, '공'의 또 다른 측면, 곧 이면을 설명함으로

---

11 Garfard, The Universe in Your Hand, 2015, pp. 217, 218.

12 Stewart, Calculating the Cosmos, 2016, p. 253.

써 '공'의 참뜻을 분명히 하였다. 선승(禪僧)들이나 불가에서 '충만한 무소유'라는 말을 잘 쓰는 것과 일맥상통한다고 할 수 있다.

인간을 비롯하여 우리 주변의 만상(萬象)은 분명히 존재하고 또 우리는 그 존재를 인지(認知)함에도 그러한 '것'들이 '비었다'니 의아해할 만도 한 일이다. 그러나 여기에서 '비었다'라거나 '없다'라는 것은 현실적인 존재 그 자체를 부정하는 것이 아니라, "본래부터 그 자체로서의 실체(實體)를 지니고 있는 것"은 없다는 것이다. 곧, '없다'는 것은 우리가 인식하는 만상(萬象)의 그 자체로서의 실체성(實體性)이다. 그뿐만 아니라, 영국의 석학 리처드 도킹(Richard Dawkins) 박사는 우리가 고정적인 물질처럼 보거나 느끼는 것도 실은 원자핵(原子核: nucleus)이나 전자(電子: electron)에 지나지 않음을 인식할 필요가 있다고 하면서, 원자라는 것도 그 자체가 하나의 입자가 아니라, 그 속이 거의 빈 공간이고 그 빈 공간에 원자핵이 있어 그 둘레를 전자가 빠른 속도로 돌고 있는 것이어서, 우리가 보는 물질이라는 것도 그 구성인자(構成因子)인 원자나 원자핵의 단계로 내려가면 물질과 공간의 구분 자체가 무의미해진다고

---

13 Ram, 상게서, p. 82.

확언하고 있다.[14] 이는 우리가 일상에서 대하는 모든 것은 실체가 아닌 허상임을 단언한 것이다. 한편, 양자물리학의 거두인 닐스 보어(Niels Bohr)는 "우주의 삼라만상은 우리가 그것을 봄으로써 비로소 존재한다."고 확언하였고, 18세기 영국의 경험론적 철학자인 조지 버클리(George Berkley)는 "존재하는 것은 곧 지각(知覺)된 것이다."라고 하였는데, 이는 "지각되지 않으면 존재하지 않는다."는 말과 같다. 아무튼, 우주를 지배하는 것은 우연(偶然)과 확률(確率) 곧, 예측불가능성(豫測不可能性)이라고 할 수 있고, 모든 것은 원자로 구성된 까닭에 우주는 조건의 성숙에 따라 여러 인자가 모여 구성된 '것'들의 전시장이라고 할 수 있다.

　　'공'은 존재를 나타내는 핵심적인 법칙인 것으로, 전자의 이동과 양성자(陽性子: proton)의 부피 변화를 통하여 변한 각종 원자가 인연에 따라 결합함으로써 생겨난 구성물이 그 존재를 유지하면서 변화를 거듭하다가 인연이 다하면 본래의 상태로 되돌아가는 과정을 되풀이하는 것이 우리가 보는 존재현상(存在現象)이다. 그러므로 '공'의 참뜻은 모든 것은 본래부터 그 자체로서 존재하는 것이 아니라 일종의 구성물에 불

14　Daukins, The Magic of Reality, 2012, pp. 88, 89.

과하여 그 자체로서의 고유한 실체성(實體性: reality)이 없음을 말한다. 그렇기 때문에, 모든 것은 무엇인가에 의지하여 생기는 것(dependent arising)이고, 무엇인가에 의지하여 생겨난 모든 것은 정도의 차이는 있더라도 모두가 상호의존관계(相互依存關係: interdependency)의 틀 안에 있는 것이다. 다시 말하면, 양자물리학에 의하면 모든 것은 관계적 실체성(relational nature of reality)을 가지는 것으로서, 양자물리학의 석학으로 널리 알려진 아더 자용크(Arthur Zajonc) 교수는 "모든 '것'은 개별적인 것이 사실이지만, 더욱 미세한 단계에서 그들은 상호 연결성(interconnection)을 가진다."라고 하면서, "우주의 모든 '것'들은 우리가 상상할 수 없으리만큼 서로 연결되어 있다."[15]라고 말한 것에 유의할 필요가 있다. 이처럼 볼 때, 모든 것은 궁극적으로는 일체성(一體性: Oneness)을 가진다고 할 수 있다.

결국, '공'은 모든 생물은 상호의존관계의 틀 안에서 존재를 유지하는 것임을 시사(示唆)함에도 불구하고 그에 별로 관심을 두지 않는 인간의 자만심(自慢心: self-conceit)과 무지 까닭에 수를 알 수 없으리만큼 많은 종(種: species)이 멸종되는 비운(悲運)을 맞고 있음을 우리는 안다. 우선, 2018년과 2019년에 걸

---

15 Hesenkamp and White, eds., The Monastery and the Microscope, 35.

쳐 중국에서만 약 1억 마리의 돼지가 아프리카돼지열병으로 생명을 잃었고, 고래의 평균수명은 약 100년에 이르지만, 인간의 남획과 통발의 밧줄 및 선박과의 충돌로 근래에는 고래의 약 80%가 30년도 살지 못하며, 호랑이는 지난 100년 동안에 야생종의 약 97%가 지구상에서 사라졌다고 한다. 그뿐 아니라, 전 세계에서 가장 빠른 속도로 사라져가고 있는 종이 꿀벌인데, 국내의 토종벌은 이미 90% 이상이 사라졌다는 통계도 있다.[16]

이와 같은 현상은 첫째로 인간의 무분별한 자연 개발로 인한 서식지(棲息地)의 변화, 둘째로 인간에 의한 남획, 셋째 무분별한 농약의 사용, 넷째로 환경오염이 주된 원인으로 들고 있으며, 그 모든 것은 인간에 의하여 빚어진 일들임을 유의할 필요가 있다.

이와 같은 현상은 '공'의 이치인 서로 공존하여야 할 생물 사이의 연결망을 크게 훼손하여 각 종의 자연적인 생존을 어렵게 함으로써, 각 종들이 필요로 하는 생존 상의 지혜의 축적을 불가능하게 만듦으로써 생물의 상관관계(相關關係)의 고리를 무너트리는 꼴이라고 할 수 있고, 인간이라고 하여 그에 대한 과보에서 자유로울 수 없을 것이라는 느낌을 어찌할 수 없다.

---

16 조선일보 2019. 11. 30, A18 '멸종위기 동물들이 인간에게 건넨 편지'.

제2장

붓다가 가르친 것의 핵심

붓다께서는 6년에 걸친 극단적인 고행 끝에 보드가야 (Bodh Gaya) 나이렌자나(R. Nirenjana)강 가의 나지막한 언덕에 자리 잡은 보리수 밑에서 선사(禪思)하시던 중 스스로 우주의 진리를 깨침으로써 성불(成佛)하신 뒤, 반열반(般涅槃)에 드시기까지 45년 동안 괴로움의 늪에서 헤어나지 못하는 중생 제도를 위하여 전념하셨음은 이미 널리 알려진 사실이다. 붓다께서 중생제도를 위한 설법에 나서자, 위로는 마가다(Maghada)와 코살라(Kosala)의 국왕을 비롯하여 많은 대신 및 장자(長者)들로부터 아래로는 여인들과 천민에 이르기까지 헤아릴 수 없이 많은 사람이 붓다께 귀의(歸依)하게 되었음은 역사적으로 브라만교(Brahmanism)가 지배하던 당시의 인도에서는 상상하기조차 어려운 일이었다. 그러나 브라만(Brahman)들의 전횡(專橫)과 사성제(四姓制: caste)의 엄격한 시행에 따르는 사회적 불만 등은 물론, 호화로운 왕자의 지위와 약속된 왕좌마저 헌신짝처럼 버리면서까지 오로지 중생들이 팔고(八苦)[17]의 괴로움에서 벗어날 수 있게 하려는 일념으로 사문(沙門)의 길을 택한 붓다의 한없이 자비로운 언행(言行)이 큰 감동을 준 것으로 볼 수 있다.

---

17 팔고(八苦)란 생고(生苦), 노고(老苦), 병고(病苦), 사고(死苦), 애별리고 (愛別離苦), 원증회고(怨憎會苦), 구부득고(求不得苦) 및 오음성고(五陰盛苦)의 여덟 가지 괴로움을 말한다.

붓다께서 45년에 걸쳐 펴신 가르침은 그 수가 워낙 많아 일일이 열거하기 어려우나, 그 많음을 흔히 팔만 사천 법문(法門)[18]이라고 표현한다. 어찌 되었든, 붓다께서 가르친 그 많은 법문을 모두 섭렵할 필요는 없을 뿐만 아니라, 거의 비현실적인 일이다. 하물며, 불교 신도가 아닌 분에 있어서랴? 그러므로 앞에서는 붓다께서 스스로 깨치신 우주의 근본원리요, 붓다께서 펴신 교법(教法)의 근간(根幹)인 연기법과 '공'에 관하여 살펴보았고, 이 장(章)에서는 연기법과 '공'에서 울어난 근본교리의 전개(展開)에 관해서 간단히 살펴보고자 한다.

---

18 팔만 사천 법문 속에는 승려들의 행동규범인 계율(戒律)과 부처님의 가르침인 법에 대한 주해서(註解書)라고 할 수 있는 '아비달마'가 포함되어 있으나, 주를 이루는 것은 붓다의 가르침인 법(dharma)이다.

제1절 삼법인

　　삼법인(三法印: Dharma mudra)이란 불교의 근본교의를 세
가지로 나타낸 것이다. 붓다께서 말씀하신 초기경(初期經)인
잡아함의 오비구경(五比丘經)[19]이나 인연경(因緣經)[20] 등에서
는 삼법인을 말씀하셨으나, 뒤에 증일아함의 증상품(增上品)[21]
과 사의단품(四意斷品) 1[22] 등에서 보는 바와 같이 '열반은 고
요하다'[涅槃寂靜]를 첨가하여 사법인(四法印)이라고도 하고, 초
기경에서의 일체개고(一切皆苦)를 열반적정(涅槃寂靜)으로 대치
하여 삼법인이라고도 한다. 여기에서는 독자의 편의를 위하
여 사법인을 다루기로 한다. '법인'이라고 한 것은 도장[印]은

19　잡아함 2: 34 오비구경.
20　잡아함 1: 11 인연경.
21　증일아함 23: 31 증상품.
22　증일아함 18: 26 사의단품 1.

인신(印信) 또는 표장(標章)이라는 뜻으로 일정불변하는 진리라는 표지(標識)여서, 붓다의 세 가지 불변하는 확고한 가르침이라는 뜻에서 쓰인다. 그러므로 붓다의 가르침이라는 어떤 것이 이 세 가지 표지에 부합되지 않는다면 이는 붓다의 참 가르침이라고 할 수 없다.

사법인의 내용이 되는 네 가지는 뒤에서 보는 바와 같이 삼법인인 제행무상(諸行無常), 제법무아(諸法無我)와 일체개고(一切皆苦)에 열반적정(涅槃寂靜)을 더한 것이다. 삼법인은 위에서 본 연기법과 '공'의 원리에서 전개된 것으로, 그의 구체화라고 할 수 있다. 곧, 모든 것은 본래부터 그 자체의 실체가 있는 것이 아니라, 인연이 닿아 갖가지 인자가 결합하여 구성되어 나타난 것이기 때문에, 그러한 구성물은 생겨난 다음 길거나 짧거나 일정 기간 존재를 유지하다가 인연이 다하면 반드시 사라져 원래의 상태로 돌아가는 성주괴멸(成住壞滅)의 과정을 걷게 된다는 것이다. 그렇기 때문에, 모든 것은 그 자체의 실체성(實體性)이 없어 그 자체로서 내세울 것이 없고, 구성되어 나타난 것은 그 머무는 기간에 장단(長短)의 차이는 있더라도 반드시 사라지며, 모든 것은 존재하다가 사라지는 것이어서 사라지는 그 자체는 물론 곁에서 그것을 지켜보는 것의 입장에서도 괴로움이 아닐 수 없다는 것이다. 그래서 모든 '것'

은 그 자체로서 내세울 실체가 없어 무아(無我)이고, 모든 것은 예외 없이 언젠가는 사라지는 것이어서 무상(無常)하며, 모든 것은 무상하기 때문에 괴로움이 아닐 수 없다[皆苦]고 한다.

1. 제법무아[23]

제법무아(諸法無我: selflessness)[24]란 인간을 비롯하여 존재하는 모든 것은 본래 그 자체로 고유한 실체가 없다는 것이다. 이를 가리켜 자성이 없다[無自性]라고 한다. 자성(自性)이란 모든 것의 그 자체로서의 체성(體性), 다시 말하면 모든 것이 본래부터 스스로 지니고 있는 진성(眞性)을 뜻한다. 그러므로 무자성이란 모든 것은 그 자체만으로 독자적(獨自的)인 존재가 아니라는 것이다. 잡아함의 시라경(尸羅經)[25]에 바지라(Vajira) 비구니가 사구게(四句偈)에서

----

23 삼법인을 말할 때, 제행무상(諸行無常)을 맨 먼저 드는 것이 보통이나, 저자는 논리적으로 볼 때 제법무아(諸法無我)가 제행무상에 앞서는 것이 옳을 뿐 아니라 이해하기에도 쉬울 것 같아 제법무아를 먼저 다루기로 한다.

24 '제법무아' 라고 할 때의 '제법' (諸法)이나 '법' (法)에는 여러 뜻이 있어, 첫째로 붓다의 가르침인 법, 곧 궤범(軌範)의 뜻으로 쓰이고, 둘째로는 유정(有情) 무정(無情)의 모든 '것' 인 만유(萬有)를 가리키는 것으로 이는 우리의 육식(六識)의 대상이 되는 것이어서 법경(法境)이라 한다.

25 잡아함 45: 1202 시라경.

"마치 여러 재료를 한데 모아 세상에서 수레라 일컫는 것처럼,

인연이 모인 여러 닿음을 거짓으로 중생이라 부르니라."

　　라고 한 것은 제법무아를 잘 설명한 예라고 할 수 있다. 곧, 본래부터 스스로 존재하는 것은 하나도 없고, 모든 것은 인연에 의하여 여러 인자(因子)가 서로 결합하는 과정을 통하여 이루어진 일시적인 겉모습에 지나지 않는다는 것이다.[26]

　　좋은 예로 물을 들어보자. 수소와 산소라는 원자의 결합으로 이루어진 액체인 물은 영하의 온도로 내려가면 고체인 얼음이 되고, 온도가 올라가면 녹아 다시 물이 된다. 온도가 더욱 올라가면 조금씩 증발하여 기체인 수증기로 변하여 올라가는 것과 같은 이치이다. 그러므로 물이라고 고정적으로 내세울 수 있는 실체는 없으나, 그렇다고 아무것도 없는 것도 아니다. 이러한 점에서 무아(無我: selflessness)의 참뜻은 곧 불교의 진수(眞髓)라고 일컬어지는 '공'(空: emptiness)에 귀납되는 것이다. 곧, 모든 '것'은 본래 그 자체로 독자적인 실체가 없이 여러 인자(因子)가 모여 이루어진 일시적인 현상에 지나지 않

----

26 Zajonc, 'The relation between Scientific Knowledge and Human Experience', New Physics and Cosmology, 2004, p. 127.

고, 그 실체(實體: reality)를 추구하여 파 내려가면 결국 분자, 원자를 거쳐 쿼크(quark)와 같은 극미립자(極微粒子)에 이르러 안정된 실체를 파악할 수조차 없게 된다는 것이니, 결국 '공'의 지경에 이르는 것이다. 다시 말하면, 모든 '것'은 그 스스로 존재하는 정체성(正體性: identity) 또는 동일성(同一性: oneness)을 지니는 것이 아니라는 것이다. 그러므로 무아라는 것은 일부에서 잘못 이해하고 있는 것처럼 '나'라는 것이 전혀 존재하지 않는다는 뜻이 아니라, '나'라는 것은 그 자체로서 고유한 실체성을 가지는 것이 아니라는 뜻으로 새겨야 한다.

2. 제행무상

제행무상(諸行無常: impermanence)이란 세간의 모든 것은 어느 하나 고정되고 영원히 변하지 않는 것이 없이, 모두 끊임없이 변하고 결국은 사라진다는 것이다. 어머니 태(胎)에서 태어난 갓난아이가 곧 유아(幼兒)가 되고, 소년(少年)이 되었는가 하면 청년(靑年)으로 변하며, 장년과 노년을 거치면서 마침내 한 인생의 종말(終末)이 온다. 바로 인생의 무상한 모습이다. 새 자동차를 샀다고 좋아하던 것이 엊그제의 일 같은데, 어느덧 잔고장이 생기고 말썽을 부리기 시작하여 얼마 지나지 않아

폐차할 곳을 찾아야 하는 것은 피할 수 없는 이치이다. 어디 그뿐인가? 봄이 왔는가 하면 어느덧 찌는 듯 더운 여름이 되고, 삼복(三伏)을 지나면서 부채질이 제법 익숙해지기가 무섭게 아침저녁으로 꽤 서늘함을 느끼게 하는 가을로 접어들며, 가을의 정취를 다 느끼기도 전에 낙엽이 지고 땅이 얼어붙는 겨울이 온다. 이것은 변함없는 우주의 법칙이다.

이러한 외부적인 현상보다 더한 것은 우리의 마음이다. 마음은 잠시도 쉬지 않고 갖가지 생각을 떠올리며 갈피를 잡을 수 없게 한다. 캐나다 퀸즈대학(Queens College, Canada)의 연구팀이 뇌의 활동을 분석한 결과, 사람은 보통 하루에 6,000번 생각을 하는데 1분당 평균 6.5회의 생각전환이 이루어진다고 한다.[27] 무상의 대표격이다. 결국, 모든 존재하는 '것'은 인연이 닿아 여러 인자가 모여 이루어졌지만, 시간이 흐름에 따라 변하여 인연이 다하면 마침내 소멸하고 구성인자는 뿔뿔이 흩어져 원상으로 돌아가는 것이다. 그러므로 영원히 변하지 않고 계속 존재할 수 있는 것은 없고, 그러한 이치를 잘 알지 못하기 때문에 사람들은 자기가 좋아하는 것이 변하거나 없어지면 곧 고뇌(苦惱)에 빠지는 것이다.

27　2020.7.13, Nature Communication.

제행무상에 관해서는 붓다의 본생담(本生譚)과 연관된 유명한 이야기를 대반열반경(大般涅槃經)에서 엿볼 수 있다. 요약하면 다음과 같은 이야기이다. "석가모니 붓다께서 이 세상에 태어나시기 전 전생에 바라문 출신으로 설산(雪山)에서 고행(苦行)을 계속하며 수도(修道)에 전념하고 있었다. 이를 본 천신(天神)들은 매우 기특한 일이라고 서로 칭송함을 아끼지 않았는데, 제석천(帝釋天)이 보살의 수행이 얼마나 깊은지 시험해 보려고 험상궂은 나찰(羅刹)로 변신하여 보살이 고행중인 설산으로 내려가 보살 가까이에 숨어

'모든 행(行)은 무상하니 이것이 나고 사라지는 법이라.'

(諸行無常 是生滅法)

라는 게송(偈頌)의 한 구절을 외웠다. 이를 들은 보살은 눈이 번쩍 뜨여 환희심(歡喜心)이 생겨 주변을 둘러보며 그 게송을 읊은 선인(仙人)을 찾았으나, 선인은 눈에 띄지 않고 웬 험상궂게 생긴 나찰이 당장이라도 달려들 것처럼 웃고 있는 것이 보였다. 고행자(苦行者)는 지금 들은 게송 다음 부분이 반드시 있을 것으로 생각하고 나머지 구절을 마저 배우기 위하여 게송을 읊은 이를 찾으면서 설마 저 험상궂은 나찰이 그 게송을 읊었으리라고는 상상조차 못 하였다. 그런데 뜻밖에도

그 나찰이 이르기를 '게송의 앞부분을 읊은 것은 바로 나다.'
라고 말하는 것이 아닌가! 고행자인 보살은 매우 놀라 그 나찰
에게 정중하게 예를 올린 다음, 게송의 나머지 부분을 마저 가
르쳐줄 것을 청하였다. 그러자 나찰은 자신이 며칠을 굶어 힘
이 없어 게송의 나머지 부분을 읊을 수 없다고 거절하였다. 이
에, 보살은 만일 게송을 마저 일러준다면 평생 스승으로 모시
겠다고 하였으나, 나찰은 자기로서는 그런 것은 필요 없고, 오
직 원하는 것은 굶주림을 달랠 먹을 것뿐이라고 완강히 버텼
다. 보살은 나찰이 먹는 것은 무엇인지를 묻자, 나찰은 자기는
'사람의 더운 피'만을 먹는다고 답하므로, 보살은 나찰에게
만일 게송의 나머지 부분을 알려준다면 자기의 몸을 바치겠
다고 약속하였다. 결국, 나찰은

'나고 사라짐이 다하니 적멸이 즐거움이로다.'

(生滅滅已 寂滅爲樂)

라고 목소리를 가다듬어 게송의 뒷부분을 읊었다. 이를
듣고 난 보살은 스스로 나찰이 읊은 게송을 읊은 다음, 주변의
바위와 큰 나무 덩치에 그 게송을 옮겨 쓴 다음, 나찰과의 약
속을 지키기 위하여 높은 나뭇가지 위에 올라 아래로 몸을 던
졌다. 이를 보기가 무섭게 나찰로 위장한 제석천은 바로 본래

의 몸으로 돌아와 보살의 몸이 땅에 닿기 전에 손으로 받아 정중하게 정결한 바위 위에 내려놓으니, 얼마 지나지 않아 정신을 차린 보살이 주변을 보자 제석천을 비롯한 수많은 천신이 합장하고 둘러 서 있는 것이 눈에 띄었다."[28]고 한다. 결국, 사법인 가운데 제행무상과 열반적정을 드라마틱하게 설명함으로써 그 중요한 의의를 높인 것이라고 할 수 있다.

붓다께서는 "부디 과거를 생각하지 말고, 또한 미래를 원하지 말라. 과거의 일은 이미 사라졌고, 미래는 아직 이르지 않았으며, 현재에 있는 모든 일에 대해서도 생각해야 하나니, 어느 것도 단단하지 않다고 생각하라. 슬기로운 사람은 이렇게 아느니라."[29]라고 강조하셨는바, 제행무상을 머리에 두고 순간순간의 정진(精進)을 게을리하지 말 것을 일깨우신 것이다.

3. 일체개고

일체개고(一切皆苦: suffering)란 이 세간은 괴로움으로 가득하다는 것이다. 물론, 겉모습만을 본다면 건강하고 경제적인

---

28 저자 역해, 열반경 역해(중), 2018, 46 내지 52쪽 참조.
29 중아함 43: 165 온천림천경(溫泉林天經) 중에서.

여유가 있거나 사회적으로 돋보이는 지위에 있는 사람들이 행복해 보이고, 그 반대의 경우는 불행해 보인다. 그러나 같은 상황 속에서도 행복하게 느끼는 사람이 있는가 하면, 불행하다고 느끼는 사람도 있다. 원래, 괴로움이나 즐거움, 행복이나 불행은 각자의 주관에 속하는 일이기 때문이다. 그러므로 앞에서 본 제법무아나 제행무상이 객관성을 지녀 누구나 공통된 인식을 가질 수 있는 것과는 달리, 모든 사람이 한결같이 세상은 괴로움의 쌓임이라고 보기는 어려운 것처럼 보인다. 그러나 그것은 일시적이고 외형적 관점에 치중한 결과일 뿐이다.

사람이 살아가는 과정에는 즐겁고 행복하게 느끼는 때도 있으나 일생(一生)을 놓고 본다면 그것은 일시적인 일이고, 전체적으로 볼 때 인생은 괴로움의 늪에서 허둥대는 꼴이라고 할 수 있다. 우선, 대표적인 원인을 제행무상에서 찾을 수 있다. 생겨난 '것'은 모두 변하고 사라지는 것으로서, 변하지 않고 항상 존재하는 상주불변(常住不變)하는 '것'은 하나도 없다는 것이니, 우선 자기가 아끼고 좋아하는 '것'이 변하고 사라지면 누구나 실망하고 괴로워하며, 잘 나가던 사업이 난관에 봉착하여 빚더미에 올라선 경우의 번뇌(煩惱)는 다른 사람으로서는 짐작하기조차 힘들다. 어디 그뿐인가? 자기가 사랑하거나 서로 좋아하여 가까이하던 사람이 세상을 떠난 경우에는 비통해하고 슬픔에 빠지며, 더욱이 죽음이 임박한 사람이 괴로워함은 더 말할 나위조차 없는 일이다. 그래서 제행무상을 사람에게 괴로움을 안겨주는 주류(主流)라고 말하는 것이다.

붓다께서 그 호화로운 왕자의 지위까지 박차고 나가 고행길에 든 주된 동기가 생로병사(生老病死)의 괴로움에서 벗어나지 못하고 있는 중생을 제도하기 위하여 그 괴로움의 원인을 파악하고 괴로움에서 벗어나는 길을 모색하기 위한 것이었음은 이미 널리 알려진 일이다. 그 결과, 붓다께서 성불하시자 제일 먼저 펴신 가르침이 괴로움의 원인과 괴로움의 사라짐에 관한 네 가지 거룩한 진리, 곧 사성제(四聖諦: Four Noble Truths)였던 것임은 이해하기에 어렵지 않은 일이다.

4. 열반적정

열반적정(涅槃寂靜: nirvana)이란 모든 번뇌의 속박에서 해탈하고 진리를 궁구하여 미혹(迷惑)한 생사를 초월하여 불생불멸(不生不滅)의 법을 체득한 경지를 말한다. 그렇기 때문에, 세간의 고통에서 벗어난 열반만이 참된 고요의 세계라는 것이다. 열반은 범어인 니르바나(nirvana)를 음역한 것으로, 그것은 "불을 불어 끈다."는 의미를 간직한 것이어서, 탐하고[貪], 성 내며[瞋], 어리석음[癡]의 세 가지 독[三毒]의 불길을 불어 끈다 는 뜻이다. 그러므로 열반적정은 진리를 깨달아 미혹(迷惑)한 생각을 끊음으로써 모든 번뇌의 얽매임에서 벗어나 불생불멸 (不生不滅)의 법을 체득한 경지라고 하는 것이다.

열반에 관해서는 역사적으로 두 가지 견해로 나누어 볼 수 있는데, 초기불교에서는 몸과 마음이 모두 없어지는 것을 이상으로 삼았기 때문에, 심신(心身)이 있고 없음에 따라 유여 열반(有餘涅槃)과 무여열반(無餘涅槃)으로 나누었으나, 후기불 교, 곧 대승불교에서는 적극적으로 삼덕(三德)이나 사덕(四 德)[30]을 갖춘 열반을 말하며, 실상(實相)이나 진여(眞如)와 같은 뜻에서 본체(本體) 또는 실재(實在)의 뜻으로도 쓰인다. 그러므 로 열반은 죽은 뒤에야 비로소 얻을 수 있는 것이 아니라, 수 행을 통하여 살아있는 동안에 완전한 인격을 체득함으로써 도달할 수 있는 경지이다.

----

30 삼덕(三德)이란 지덕(智德), 단덕(斷德) 및 은덕(恩德)을 말하고, 사덕은 상, 락, 아 정(常樂我淨)의 네 가지를 가리킨다.

5. 삼법인이 주는 교훈

앞에서 본 삼법인은 인간이 살아가는 데 필요한 여러 가지 교훈이 된다. 삼법인은 그 자체가 교훈적이지만, 그에 함축된 보다 이해하기 쉬운 교훈을 예시해 보고자 한다.

1) 제법무아가 주는 교훈

제법무아는 사람을 포함한 모든 '것'은 본래부터 그 자체로서 실체성(實體性)을 간직함이 없다는 것이다. 그러니, '나'라는 것을 내세운 아집(我執)을 가질 것이 없음은 물론, 매사에 '나'와 '너', 내 것과 네 것 따위를 분별할 이유가 없다. '나'라는 실체가 없는 것인데도, 모든 일에 '나'를 앞세운 집념(執念)을 가진다는 것은 부질없는 일이어서, 아집을 갖는다는 것 자체가 아무런 실익도 없이 자기 자신을 괴롭히는 결과가 되는데 그친다. 그뿐만 아니라, 사람들은 분별심(分別心)을 갖는 것이 통례이어서 만사(萬事)에 경계선(境界線: boundary)을 긋고, '나'나 내 것 또는 내 편이 아닌 것은 모두 저편으로 봄으로써, '나'나 내 것 또는 내 편이 조금이라도 유리하게 되도록 마음을 쓴다. 그러나 '나'라는 실체가 없는 것이라면 구태여 분별심을 갖거나 경계선을 그을 필요가 없음은 물론이다. 결국, 제법무아는 아집이나 분별심이라는 것이 아무런 의미가 없는 것임을 일깨워주는 것이다.

2) 제행무상이 주는 교훈

제행무상은 이 세상에 생겨난 모든 것은 어느 하나의 예외도 없이 모두 변하고 사라지는 것으로, 상주불변(常住不變)하는 것은 없다는 것을 뜻한다. 그런 까닭에, 사람들은 자기가 선호하는 사람이나 물건에 집착하는 것이 보통이나, 제행무상은 선호하는 것에 대한 집착이 의미 없는 것임을 일깨워준다. 왜냐하면, 언제나 그대로 있는 '것'은 하나도 없고, 결국은 자기도 모르는 사이에 모두 변하여 언젠가는 사라지는 것이기 때문이다. 제행무상을 제대로 이해한다면 현재, 바로 이 순간에 충실하여야 할 뿐, 이미 지나간 과거를 생각하거나 아직 도래하지도 않은 미래를 기대하는 것이 얼마나 비현실적인지를 알게 될 것이다. 현재 없이 미래가 있을 수 없고, 이 순간이 알차지 않으면 풍성한 미래를 기대할 수 없지 않겠는가!

3) 일체개고가 주는 교훈

사람으로 태어나 생활하면서 차츰 늙고 병들어 마침내 죽음을 맞이하는[生老病死] 네 가지 괴로움은 물론, 사랑하는 것과 헤어지는 괴로움[愛別離苦], 원수와 만나는 괴로움[怨憎會苦], 구하여 얻지 못하는 괴로움[求不得苦]과 오음이 성한 괴로움[五蘊盛苦]과 같은 괴로움은 특정한 사람에 한정된 것이 아니라, 모든 사람이 공통으로 겪는 괴로움이라는 것은 우리의 일상 경험을 통하여 쉽게 알 수 있는 일이다. 그러나 붓다께서 초전법륜(初轉法輪)을 비롯하여 수많은 기회에 거듭하여 강조하신 네 가지 거룩한 진리, 곧 사성제(四聖諦: four noble truths)는 괴로움의 원인을 밝히신 다음, 괴로움은 없앨 수 있고, 그 없애는 길로 여덟 가지 바른 길, 곧 팔정도(八正道: eight right paths)를 제시하셨다. 그러니, 사람이 살아나가는 과정에서 괴로움에서 벗어나고자 하는 경우에는 붓다께서 제시하신 여덟 가지 바른 길을 성실하게 가면 된다. 괴로움의 늪에서 허덕이고 있는 중생이 팔정도의 길을 성실히 갈 것인지의 여부는 오로지 각 개인이 결정할 몫이다.

제2절 실천적 가르침

아무리 좋은 가르침이나 숭고(崇高)한 진리라고 하더라도 그것이 지니는 참된 의의를 드러내기 위해서는 성실한 실천이 따라야 함은 다시 말할 나위조차 없다. 붓다께서 우주의 진리를 깨침으로써 성불하신 다음, 반열반에 이르기까지 45년 동안 중생 교화를 위하여 영일(寧日)이 없으셨던 것도 바로 중생들이 괴로움에서 벗어나 해탈(解脫)의 경지에 이를 수 있는 길을 제시하고, 그 길로 인도하기 위한 것이었음은 이미 널리 알려진 바와 같다.

붓다께서 45년에 걸쳐 펴신 가르침인 법은 그 수가 워낙 많아 일일이 열거하기 어려우나, 그 가운데에서 특히 기본적인 것으로 세 가지 가르침, 곧 네 가지 거룩한 진리[四聖諦]의 가르침, 삼보(三寶)에 관한 가르침 및 중도(中道)에 관한 가르침을 들 수 있을 것이다.

1. 네 가지 거룩한 진리의 가르침

네 가지 거룩한 진리, 곧 사성제(四聖諦: four noble truths)는 붓다께서 성불하신 후 다섯 비구를 상대로 최초로 행하신 설법(說法), 곧 초전법륜(初轉法輪)에서 가르치신 주된 내용이었을 뿐만 아니라, 재세(在世) 당시의 수많은 설법에 있어 근간(根幹)이 되었고, 반열반(般涅槃)이 임박하여 바라문 장로 수발다라에게 하신 마지막 설법이 또한 사성제에 관한 내용이었을 정도로 중요한 위치에 있는 가르침이다. 그뿐만 아니라 대반열반경(大般涅槃經)의 후분(後分) 유교품(遺敎品) 제1에서 볼 수 있듯이, 붓다께서 반열반에 즈음하여 제자들에게 남기신 유교에서 "삼장(三藏)[31]이 있어 항상 할 것이니, 이 인연으로 삼보(三寶)와 사성제가 언제나 중생의 귀의처(歸依處)가 될 것이다."라고 하시어 사성제를 중생이 귀의할 대상으로 지적하셨을 정도로 중요한 의미를 지닌 가르침이다.

붓다는 다른 종교에서 보는 바와 같은 신(神)이 아니고, 우리와 꼭 같은 사람으로 태어난 분이다. 붓다의 생래적(生來的)인 신분은 왕자였지만, 이른바 사문출유(四門出遊)를 통하여

---

31 삼장(三藏)이란 법장(法藏), 율장(律藏) 및 논장(論藏)을 가리킨다.

노인, 병자와 죽은 이를 비롯하여, 뙤약볕 아래 땀을 흘리며 소를 몰아 밭을 갈고 있는 수척한 농부와 그 농부의 채찍 아래 혀를 내밀고 숨을 헐떡이며 힘겹게 땅을 갈고 있는 소, 그 소가 끄는 쟁기 끝에 끌려 나와 꿈틀대는 굼벵이와 그 굼벵이를 채가는 날짐승 등을 본 싯달타(Siddhartha) 왕자는 괴로운 나날을 보내야 하는 중생을 생각하며 하루도 마음 편할 날이 없었다. 궁성(宮城) 안의 언덕배기에 서 있는 낡은 염부수(閻浮樹) 아래에서 선사(禪思)에 드는 날이 늘었고, 결국 중생이 겪어야 하는 괴로움의 원인을 캐고 그 괴로움을 없앨 수 있는 길을 추구하려는 일념(一念)으로 호화로운 왕자의 생활과 약속된 왕좌(王座)를 헌신짝처럼 버리고 고행자(苦行者)의 길로 들어선 것이다. 그러한 붓다로서 성불하신 뒤 처음 설법에서 괴로움의 원인을 밝히고 괴로움이 사라짐에 관한 가르침인 네 가지 거룩한 진리를 다루시고, 그 가르침을 가장 소중한 법으로 보신 것은 매우 당연하고 자연스러운 일이다.

붓다께서 성불하신 뒤 보드가야 보리수 밑을 떠나 바라나시로 가신 것은 지난날 붓다께서 고행하실 때 붓다를 모시고 따르던 다섯 비구에게 법을 말씀하시기 위해서였다. 보드가야(Bodh Gaya)에서 바라나시(Varanashi)까지는 약 260km라는 먼 거리로서, 인도의 열악한 도로 사정 때문에 지금도 자동차로 약 8시간 이상이 걸리는 곳이다. 대외산(大畏山)에서의 혹독한 고행으로 말미암아 몸이 극도로 수척하신 붓다께서 걸어가시기에는 힘든 곳이다. 그러나 붓다께서는 자신의 몸 상태는 아랑곳하지 않고 오로지 다섯 비구에게 스스로 깨치신 진리를 설하기 위해서 괴로움을 무릅쓰고 먼 길을 나선 것이다. 더욱이, 당시에는 누군가가 오랜 수행(修行) 끝에 높은 경지에 이르게 되면 사사(師事)하려는 사람들이 찾아가서 지도를 청하는 것이 관례였음에도 불구하고, 붓다께서는 스스로 설법의 대상을 찾아 나선 것이다. 전해오는 바에 의하면 붓다께서 바라나시에 이르기까지 보름이 걸렸다고도 하고, 더 많은 날이 걸렸다는 설이 있기도 하다.

수척한 몸으로 10여 일을 걸어 바라나시의 외곽 사르나트(Sarnath)에 있는 녹야원(鹿野苑) 가까이에 이르렀을 때, 녹야원에 머물고 있던 다섯 비구는 먼발치에 붓다께서 서서히 걸어오시는 것을 보았다. 애당초 그들은 대외산에서 당시의 수행자 싯달타와 함께 고행하였으나, 싯달타 왕자가 혹독한 고행만으로는 깨침을 이룰 수 없다고 생각하고, 그 자리를 떠나 나이렌자나 강가로 나가시어 몸을 씻고 그곳 촌장의 딸 수자타가 올린 유미죽(乳糜粥)을 받아 드시는 것을 보자, 싯달타 왕자의 뜻을 제대로 알지 못한 그들은 왕자가 고행을 이기지 못하고 타락한 것으로 오해하고 그곳을 떠났던 사람들이다. 그렇기 때문에 멀리에서 붓다께서 오시는 것을 본 그들은 자기들끼리 의논하기를 '싯달타는 고행을 중도에서 포기한 사람이니, 가까이 오더라도 일어서서 맞이하거나 자리를 권하지도 말자.' 라고 하였다. 세존께서는 다섯 비구가 있는 곳으로 차차 가까이 가셨다. 때에, 다섯 비구는 자신도 모르게 일어나 맞이하면서, 혹은 자리를 펴고, 혹은 발 씻을 물을 떠 왔다. 세존께서는 곧 자리에 앉아 생각하셨다. '이 어리석은 사람들은 끝내 제 본성을 온전히 갖지 못하였구나.' 라고.

1) 네 가지 거룩한 진리의 내용

초전법륜(初轉法輪)에서 네 가지 거룩한 진리, 곧 사성제를 설하신 내용을 담은 잡아함의 전법륜경(轉法輪經)에서 붓다께서는 다섯 비구에게 다음과 같이 말씀하셨다.

"그대들은 알지니, 네 가지 진리가 있다. 어떤 것이 넷인가? 괴로움, 괴로움의 모임, 괴로움의 사라짐, 괴로움이 사라지는 길의 진리이다.

괴로움의 진리란 이른바, 태어남의 괴로움, 늙음, 병듦, 죽음의 괴로움 및 근심, 슬픔, 번민과 걱정의 괴로움으로서 이루 셀 수 없고, 원수와 만나는 괴로움, 사랑하는 이와 헤어지는 괴로움과 구해서 얻지 못하는 괴로움이니, 통틀어 말하자면 다섯 쌓임의 괴로움(五蘊盛苦)이다. 이것을 괴로움의 진리라 하느니라.

괴로움의 모임의 진리란 이른바, 느끼고 사랑하는 것을 쉴 새 없이 자꾸 모아 항상 탐내고 집착하는 것이니, 이것을 괴로움의 모임의 진리라 하느니라.

괴로움의 사라짐의 진리란 이른바, 그 애욕을 남김없이 모두 없애어 다시 나지 않게 하는 것이니, 이것을 괴로움의 사라짐의 진리라 하느니라.

괴로움이 사라지는 길의 진리란 이른바, 바른 소견, 바른 다스림, 바른말, 바른 행위, 바른 생활, 바른 방편, 바른 마음 챙김과 바른 선정 등 성현의 여덟 가지 길이니라. 이것을 네 가지 진리라 하느니라.

그런데 다섯 비구여! 이 네 가지 진리에서 괴로움의 진리란 전에 듣지 못한 진리로서, 거기에서 눈이 생기고, 지혜가 생기며, 밝음, 깨달음, 광명, 슬기가 생기는 것이니, 이것은 전혀 듣지 못한 법이니라. 그리고 이 괴로움의 진리란 진실하여 허망하지 않고, 마침내 변하지 않는 것으로서, 세존이 말씀하시는 것이기 때문에 괴로움의 진리라 하느니라.

괴로움의 모임의 진리란 전에 듣지 못한 법으로서, 거기에서 눈이 생기고, 지혜가 생기며, 밝음, 깨달음, 광명, 슬기가 생기는 것이다. 그리고 괴로움의 모임의 진리란 진실하여 허망하지 않고, 마침내 변하지 않는 것으로서, 세존께서 말씀하시는 것이기 때문에 괴로움의 모임의 진리라 하느니라.

괴로움의 사라짐의 진리란 전에 듣지 못한 것으로서, 거기에서 눈이 생기고, 지혜가 생기며, 밝음, 깨달음, 광명, 슬기가 생기는 것이다. 그리고 괴로움의 사라짐의 진리란 진실하여 허망하지 않고, 마침내 변하지 않는 것으로서, 세존께서 말씀하시는 것이기 때문에 괴로움의 사라지는 진리라 하느니라.

괴로움이 사라지는 길의 진리란 전에 듣지 못한 법으로서, 거기에서 눈이 생기고, 지혜가 생기며, 밝음, 깨달음, 광명, 슬기가 생기는 것이다. 그리고 괴로움이 사라지는 길의 진리란 진실하여 허망하지 않고, 마침내 변하지 않는 것으로서, 세존께서 말씀하시는 것이기 때문에, 괴로움이 사라지는 길의 진리라 하느니라.

비구들이여! 알아야 한다. 이 네 가지 진리를 세 번 굴려 열두 번 행함이 되는 것을 여실히 알지 못하면 위없는 아라한(阿羅漢), 다 옳게 깨달음을 이루지 못할 것이다. 나로 말하면, 이 네 가지 진리를 세 번 굴려 열두 번 행함이 되는 것을 여실히 알았기 때문에 다 옳게 깨침을 이루었느니라."

붓다께서 이렇게 설법하신 때에 다섯 비구 가운데 교진여(憍陳如)는 모든 번뇌가 없어져 법의 눈이 깨끗하게 되었다고 하여, 교진여에게 아야구린(阿若拘隣: Ajnata-kaundinya)이라는 이름을 주셨다고 한다.

위의 경문(經文)에서 본 바와 같이 네 가지 거룩한 진리, 곧 사성제의 내용은 괴로움의 거룩한 진리[苦聖諦], 괴로움의 모임의 거룩한 진리[苦集聖諦], 괴로움의 사라짐의 거룩한 진리[苦滅聖諦]와 괴로움이 사라지는 길의 거룩한 진리[苦滅道聖諦]의 네 가지를 말하고, 이를 줄여 고집멸도(苦集滅道)라 한다. 세상 사람들은 누구나 할 것 없이 괴로움에 시달리는데, 그러한 괴로움의 원인은 무엇인지, 괴로움은 없앨 수 있는지, 괴로움을 없앨 수 있다면 그 없애는 길은 무엇인지를 밝히는 내용이다.

붓다께서 네 가지 거룩한 진리를 가르치신 것은 유능한 의사가 환자를 치유하는 과정에 비유할 만하다. 유능한 의사는 환자를 대하면 먼저 그 환자가 무슨 병을 앓고 있는지를 확인한 다음, 그 병이 왜 생겼는지, 곧 그 병의 원인을 밝히고, 그 병이 나을 수 있는지를 검토한 다음, 나을 수 있는 병이라면 그 병을 낫게 할 약을 처방하여 줄 것이기 때문이다. 로페츠 교수도 사성제는 매우 과학적임을 밝히면서, "이 네 가지 차례는 의사들의 과학적 접근방법(approach)을 연상시킨다. 붓다는 먼저 증상(症狀: symptom)을 확인하고, 진단(診斷: diagnosis)

을 한 다음, 결과에 대한 예후(豫後: prognosis)를 하여, 필요한 약을 처방(處方: prescribe)한 셈이다."

여기에 네 가지 거룩한 진리의 내용을 간단히 살펴보고자 한다.

(1) 괴로움

괴로움의 거룩한 진리란 사람의 삶은 괴로움(苦: dukkha, suffering)의 연속이라는 것이다. 사람이 아무리 건강, 재산, 능력, 그리고 사회적 명성이 있다고 하더라도 우리는 결코 괴로움에서 벗어날 수 없으며, 산다는 것 자체가 곧 괴로움이라는 것이다. 괴로움의 거룩한 진리, 곧 고성제(苦聖諦)는 그러한 우리의 삶의 실상을 제대로 인식하는 내용이다. 이렇게 말하면 어떤 사람은 사람이 살면서 괴로움이 있는 것은 사실이지만, 기쁘고 즐거운 경우도 적지 않지 않느냐? 라고 반문할지 모른다. 그러나 기쁨이나 즐거움은 일시적인 것에 그치고, 반드시 괴로움으로 변하기 마련이다. 모든 것은 무상한 것이어서, 기쁨이나 즐거움도 그 범주에서 벗어날 수 없다. 기쁨이나 즐거움이 사라지면 그에 집착하고 있던 사람은 곧 괴로움을 느끼게 된다는 것은 우리가 많이 경험하는 일이다.

붓다께서 말씀하신 괴로움은 단순한 괴로움만을 뜻하는 것은 아니다. 삶의 실상을 말씀하신 붓다의 이 표현은 더욱 깊은 철학적 의미를 함축하고 있음을 알아야 한다. 괴로움의 거룩한 진리에서 '괴로움', 곧 '두카'(dukkha)라고 하는 말에는 단순한 괴로움에 더하여 "만상(萬象)은 무상(無常)하고 무아(無我)이기에 모든 것은 괴로움이다."라는 깊은 뜻이 함축되어 있다.[32] 그렇기 때문에 사리불(舍利弗: Sariputra) 존자는 분별성제경(分別聖諦經)[33]에서 말하기를 "어떤 것이 고성제인가? 이른바, 태어남은 고통이요, 늙음은 고통이며, 병드는 것은 고통이고, 죽음은 고통이며, 원수와 만남이 고통이요, 사랑하는 이와 헤어짐이 고통이며, 구하여 얻지 못함이 고통이니, 간략하게 줄여서 오온에서 일어나는 고통이니라."라고 설명하였지만, 바로 "오온에서 일어나는 고통"이라고 하는 표현으로 모든 성질의 고통을 포괄한 것이다.

괴로움의 거룩한 진리, 곧 고성제의 내용을 이루는 괴로움은 흔히 말하는 괴로움(suffering)과 고통(pain)을 아우르는 말이다. 괴로움은 정신적인 경우가 많지만, 육체적으로 고통스

---

32 Rahula, What the Buddha Taught, 1959, p. 17.
33 중아함 7: 31 분별성제경.

러운 경우도 있고, 나아가 정신과 육체의 양면에 걸쳐 고통스러울 때도 있다. 그러나 정신적 고통과 육체적 고통을 처리하는 두뇌의 과정을 정신과학적으로 볼 때 놀라울 정도로 동일하다는 연구 결과가 발표된 바 있다. 뇌에서 신체적 고통을 처리하는 영역이 정신적 고통을 겪을 때도 똑같이 활성화(活性化)된다는 사실이 밝혀진 것이다. 그러니, 정신적인 괴로움이나, 육체적인 고통이나 결국 모든 괴로움은 마음과 연관된다는 것을 알 수 있다.

(2) 괴로움의 모임

괴로움의 모임의 거룩한 진리, 곧 고집성제(苦集聖諦)는 괴로움의 원인에 관한 진리이다. 붓다께서는 여러 기회에 괴로움이 일어나는 원인에 관하여 말씀하셨는데, 그것은 원인 없이는 괴로움이 일어날 수 없고, 괴로움의 원인을 정확히 알지 못하면 그것을 고칠 수 없기 때문이다. 마치 의사가 환자의 병의 원인을 제대로 모르면 그 병을 고치기 위한 좋은 약을 처방할 수 없는 것과 같다. 붓다께서 보드가야 보리수 밑에서 스스로 무상정등각(無上正等覺)을 이루셨을 때 깨치신 연기법은 모든 존재하는 것은 인연(因緣)의 소산이라는 것이다. 그러니, 괴로움인들 그 원인이 없을 수 없음은 당연한 일이다.

사리불 존자는 분별성제경에서 괴로움의 모임의 거룩한 진리에 관하여 설명하기를 "어떤 것이 고집성제인가? 중생에게는 실로 사랑하는 안의 여섯 곳이 있으니, 눈, 귀, 코, 혀, 몸과 뜻[眼耳鼻舌身意]이 그것이다. 그중에서 만일 애욕(愛欲)이 있고, 더러움이 있으며, 물듦이 있고, 집착이 있으면 이것을 모임이라 한다. …… 만일, 처자, 종복(從僕), 권속(眷屬), 토지, 가옥, 상점, 이자를 붙인 재물을 사랑하여 갖는 직업에 애정이 있고, 더러움이 있으며, 물듦이 있고, 집착이 있으면 이것을 모임이라 한다. …… 이처럼 바깥 곳과 닿음, 느낌, 생각과 뜻함[觸受想行]의 애정도 또한 그와 같다. 중생에게는 실로 사랑하는 육계(六界)가 있으니, 지계(地界), 수계(水界), 화계(火界), 풍계(風界), 공계(空界)와 식계(識界)가 그것이다. 그중에서 만일 애정이 있고, 더러움이 있으며, 물듦이 있고, 집착이 있으면 이것을 모임이라 한다."라고 하여, 괴로움은 눈, 귀, 코, 혀, 몸과 뜻이라는 육근(六根)에서 비롯되는 것으로서, 그에 대한 애정, 더러움, 물듦과 집착이 있으면 바로 그것이 괴로움의 원인이 되는 것이라고 밝혔다. 그러한 육근이 마음과 합작(合作)으로 괴로움의 원인을 만들어낸다는 것이다. 여기에서 '모임'은 집(集)을 직역한 것으로, 괴로움을 이루는 것들, 곧 원인을 말한다.

괴로움을 일으키는 원인으로 일반적으로 드는 것은 삼독(三毒), 곧 탐욕(貪欲), 성냄[瞋恚]과 어리석음[愚癡, 無明]이다. 사람들은 이 삼독이 괴로움을 불러오는 독인 줄도 모르고 그에 집착함으로써 괴로움을 키워 계속 끌고 간다. 이러한 괴로움의 원인에 가세(加勢)하는 것이 우리가 흔히 말하는 업(業: karma)이라고 할 수 있다.

(3) 괴로움의 사라짐

괴로움의 사라짐의 거룩한 진리, 곧 고멸성제(苦滅聖諦)란 사람이 직면하고 있는 괴로움은 사라지게 할 수 있다는 것이다. 앞에서 본 괴로움의 거룩한 진리와 괴로움의 모임의 거룩한 진리를 말하면 잘 모르는 사람은 불교는 허무주의(虛無主義: nihilism)에 가까운 것처럼 오해하는 수가 많다. 그러나 불교는 허무주의가 아님은 물론, 소극적인 것도 아니며, 굳이 말한다면 오히려 현실을 바로 본 실용적인 종교라고 할 수 있다. 괴로움의 사라짐의 거룩한 진리, 곧 고멸성제는 위에서 본 바와 같이 인간의 괴로움은 없앨 수 있다는 진리를 천명한 것이다. 그런데, 만약 인간이 괴로움에서 벗어날 수 없는 숙명(宿命)이라고 한다면 참으로 염세주의(厭世主義 pessimism)나 허무주의에 빠질 위험을 배제하기 어려울 것이다. 그러나 인간이 직면하고 있는 괴로움은 없앨 수 있다니 얼마나 고무적이고 희망에 찬 소식인가? 괴로움의 사라짐의 거룩한 진리에 관해서 사리불 존자는 분별성제경에서 말하기를 "어떤 것이 고멸성제인가? 이른바, 중생에게는 실로 사랑하는 안의 여섯 곳이 있으니, 눈, 귀, 코, 혀, 몸, 뜻[眼耳鼻舌身意]이 그것이다. 그가 만일 해탈(解脫)하여 물들지 않고, 집착하지도 않으며, 끊어서 버리고, 모두 뱉어서 욕심을 아주 없애버리면 이것을 고멸(苦滅)이라 한다. 많이 아는 거룩한 제자가 이렇게 법을 알며, 이렇게 보고, 이렇게 환히 알며, 이렇게 자세히 보고, 이렇게 깨달은 것을 안다. 이것을 고멸성제라고 한다."라고 설명하여 괴로움의 사라짐은 감각기관을 잘 다스려 집착과 욕심을 버림으로써 가능한 것이라고 말하였다.

붓다께서는 사람의 삶은 늘 괴로움이라고 가르치신 것이 아니다. 붓다께서는 우리가 사는 동안에 즐거움이나 기쁨 또는 아름다움이 있다는 것을 부인하지 않으신다. 붓다께서 말씀하신 것은 우리에게 있는 기쁨이나 즐거움은 일시적인 것에 지나지 않고, 길던 짧던 곧 사라져 괴로움으로 바뀐다는 것이다. 붓다께서 괴로움을 말씀하신 것은 괴로움 자체를 가르치려는 것이 아니라, 우리는 괴로움에서 벗어나 영원히 자유롭고 행복한 길, 곧 해탈을 추구할 수 있다는 점을 가르치려 하신 것이다.

무릇 원인이 있고 그 원인으로 인해서 생긴 것은 고칠 수 있음은 불변의 진리이다. 우리가 경험하고 있는 괴로움은 아무런 원인도 없이 저절로 생긴 것이 아니고, 우리 스스로가 만든 원인으로 말미암은 것이어서 그로부터 벗어날 수 있는 길이 없을 수 없다. 붓다께서 그 가능성을 천명하신 것이 곧 괴로움의 사라짐의 거룩한 진리이다. 우리를 괴로움으로 이끈 원인만 제거한다면 그 바탕을 잃은 괴로움은 스스로 사라지지 않을 수 없다.

불교는 단순한 믿음의 종교가 아니라 실천의 종교이다. 그렇기 때문에 사람이 당면한 괴로움에서 벗어나는 길은 기도나 종교적 의식 또는 공물(供物)의 많고 적음에 있는 것이 아니라, 붓다의 가르침을 스스로 실천하는 데 있다. 자기의 괴로움은 자기만이 고칠 수 있고, 다른 어느 누구도 고쳐주거나 구원해 줄 수 없다. 붓다께서는 괴로움의 사라짐의 거룩한 진리를 말씀하시어 우리는 괴로움에서 벗어날 수 있다는 확신을 주셨고, 뒤에서 볼 괴로움이 사라지는 길의 거룩한 진리를 가르침으로써 괴로움에서 벗어나기 위해서 가야 할 길을 알려주셨다. 그 길을 갈 것인지, 말 것인지, 간다면 얼마나 열심히 갈 것인지는 오로지 우리 각자의 몫이다.

(4) 괴로움이 사라지는 길

괴로움이 사라지는 길의 거룩한 진리, 곧 고멸도성제(苦滅道聖諦)란 앞에서 본 괴로움의 사라짐의 거룩한 진리를 실현하는 길을 가리킨다. 괴로움이 사라지는 길의 거룩한 진리는 우리가 괴로움에서 벗어나기 위하여 가야 할 길을 구체적으로 제시한 것이지, 계명(誡命: commandment)이나 규범(規範: norm)이 아니고, 괴로움에서 벗어나 대자유의 세계에 들어서기 위한 행동지침이다. 다시 말하면, 괴로움이 사라지는 길의 거룩한 진리는 위에서 본 세 가지 거룩한 진리와는 달리, 괴로움을 없애기 위한 구체적인 방편이다. 괴로움이 사라지는 길의 거룩한 진리에 관하여 사리불 존자는 분별성제경에서 이르기를 "어떤 것이 고멸도성제인가? 이른바, 바른 소견, 바른 뜻, 바른말, 바른 행위, 바른 생활, 바른 방편, 바른 마음챙김, 바른 선정이 그것이다."라고 하여 괴로움이 사라지는 길의 거룩한 진리를 간단히 설명하였다.

괴로움을 사라지게 할 길은 여덟 가지 바른길(八正道: eight right paths)을 말하는 것으로서, 정견(正見), 정지(正志), 정어(正語), 정업(正業), 정명(正命), 정방편(正方便), 정념(正念)과 정정(正定)의 여덟 가지이다.[34] 대승불교(大乘佛敎)에 들어서 보살(菩

薩)이 가야 할 길로 육바라밀(六波羅蜜), 곧 보시(布施), 지계(持戒), 인욕(忍辱), 정진(精進), 선정(禪定)과 반야(般若)의 여섯 바라밀이 제시되었지만, 팔정도와 본질적인 차이가 있는 것은 아니다. 우선, 정정진은 정진바라밀과, 정념은 반야바라밀과, 정정은 선정바라밀과 각각 유사한 것이고, 정어와 정업 및 정명은 지계바라밀의 내용에, 정견과 정사유는 인욕바라밀의 내용에, 정명은 보시바라밀의 내용에 각각 상응하는 것이라고 할 수 있기 때문이다. 팔정도는 암송의 대상이 아니고, 실천의 대상이다. 붓다께서 우리가 괴로움을 없애기 위한 길을 보이는 소상한 지도를 그려 보이신 것이니, 우리는 그 지도를 따라 내용을 이해하고 스스로 그 길을 꾸준히 감으로써 비로소 목적지인 피안(彼岸)에 이르게 되는 것이다.

2) 네 가지 거룩한 진리의 의의

이들을 네 가지 '거룩한' 진리라고 부르는 것에 대하여 로페츠 교수는 "진리 그 자체는 거룩한 것이 아니다. 그것이 '거룩한' 진리라고 불리는 것은 그것이 정신적으로 고귀할 만큼 진실한 것일 뿐만 아니라, 열반에 이른 최초의 통찰력(洞察

---

34 이들은 후기(後期)에 들어 정지(正志)는 정사유(正思惟)로, 정방편(正方便)은 정정진(正精進)으로 불리게 되었다.

力)을 증험(證驗)한 분이 사용한 기술적 용어라는 데에서 연유(緣由)된 것이다."[35]라고 주장하였음은 매우 인상적이다. 붓다께서 초전법륜에서 펴신 사성제, 곧 네 가지 거룩한 진리는 붓다가 45년에 걸쳐 승속(僧俗)을 가릴 것 없이 가르치신 교설(敎說)의 근간(根幹)이 된 것이어서, 2세기경 인도의 용수보살(龍樹菩薩: Nagarjuna)이 그의 중론(中論: Madhyamaka-sustra)에서 "연기(緣起)의 법을 본다면 능히 부처를 볼 수 있고, 괴로움[苦], 모임[集], 사라짐[滅]과 길[道]을 본다."라고 밝힐 만큼 중요한 의의(意義)를 지닌 것임을 알아야 한다.

이러한 사성제는 두 가지 영역으로 나누어 살펴볼 수 있으니, 하나는 범부(凡夫)가 일상에서 경험하는 세속적인 일, 곧 현실의 문제이고, 다른 하나는 수행을 통하여 지자(智者)가 기대하는 세계, 곧 해탈이다. 그러니, 사성제는 현실을 극복하여 해탈에 이르는 거룩한 가르침이라고 할 수 있다.

⑴ 현실의 문제
사성제 가운데 앞의 두 가지 내용, 곧 괴로움과 괴로움의 모임은 인간이면 거의 예외 없이 누구나 일상에서 경험하는

---

35 Lopez, Scientific Buddha, 2012, P. 62.

세속적인 현상이다. 사람은 누구나 행복하기를 원하지만, 생각과는 달리 현실은 괴로움의 연속이다. 오죽하면 붓다께서 인생은 괴로움의 바다[苦海]이고, 세상은 불난 집[火宅]과 같다고 하셨을까? 모든 사람은 태어나고, 늙으며, 병들고, 죽는[生老病死] 괴로움에서 벗어날 수 없음은 물론, 갖가지 번뇌(煩惱)에 시달리는 나날을 이어가고 있는 것이 현실이다.

그러면, 괴로움은 어디에서 오는 것일까? 아무런 원인도 없이 괴로움이 그 자체로서 불쑥 솟아날 수는 없는 일이다. 모든 일에는 반드시 원인이 있고, 그 원인에 상응하는 결과가 나타나는 것이기 때문이다. 사성제의 둘째 내용으로 '괴로움의 모임'을 다루신 것도 바로 그런 까닭이라고 할 수 있다. 괴로움을 일으키는 가장 보편적인 원인으로 붓다께서는 사성제 가운데 고집성제(苦集聖諦)에서 탐욕(貪欲), 성냄[瞋恚] 및 어리석음[愚癡]을 드셨고, 이를 흔히 삼독(三毒)이라 부른다.

사성제의 내용 가운데 처음 두 가지는 위에서 본 것처럼 괴로움이라는 사실과 그 괴로움을 낳는 원인이며, 이는 우리가 삶을 영위하고 있는 사바세계(娑婆世界)에서 일상 벌어지고 있는 현실이다. 그러므로 이 부분은 바로 세속에서 유전(流轉)하는 인과(因果)에 해당한다고 할 수 있다. 우리는 이러한 현실을 직시하고, 그러한 현실을 초래한 근본을 추구하여 깊이 이해할 필요가 있다.

(2) 해탈의 문제

사성제 가운데 뒤의 두 가지 내용, 곧 괴로움의 사라짐과 괴로움이 사라지는 길은 앞에서 본 바와 같이 우리를 괴롭히는 괴로움은 사라질 수 있다는 확신과 괴로움이 사라지게 하는 길인 당위(當爲)인 셈이다. 괴로움은 반드시 그것이 있게 한 원인이 있는 것이니, 원인에 의하여 생긴 괴로움은 그것을 있게 한 원인을 없앰으로써 반드시 사라질 수 있음은 당연한 일이다.

문제는 괴로움을 사라지게 할 방편이다. 붓다께서 그 방편으로 제시하신 것이 바로 사성제의 네 번째 가르침인 괴로움이 사라지는 길의 거룩한 진리[苦滅道聖諦]이다. 아무리 괴로움이 사라질 수 있는 길이라고 하더라도 그것을 실현하기 위해서는 많은 노력이 필요할 것임은 당연한 일이나, 다른 모든 경우와 마찬가지로 어려움을 극복하고 꾸준히 정진하여야 할 것임은 다시 말할 나위가 없다. 그 행위규범(行爲規範)이 바로 팔정도(八正道)이다. 팔정도를 구현함으로써 괴로움에서 벗어난다는 것은 바로 해탈의 경지에 이름을 뜻하는 것이어서, 그것이 쉬운 일이 아님은 능히 짐작할 수 있다. 꾸준한 수행으로

신심(信心)을 다지고, 지혜를 길러 함양함으로써 비로소 기대할 수 있는 일이다.

(3) 여덟 가지 바른 길과 상호의존관계

앞에서 본 괴로움이 사라지는 길의 거룩한 진리, 곧 고멸도성제(苦滅道聖諦)의 내용을 이루는 여덟 가지 바른길, 곧 팔정도(八正道)는 단순히 자신의 괴로움을 사라지게 하는 바른길에 그치는 것이 아니라, 한 걸음 더 나아가 같은 처지에 있는 뭇 중생들의 관계성(關係性: the relations)을 일깨워 서로 화합하는 본연의 상태를 실현할 수 있는 기틀이 될 수 있다.

위에서 살펴본 바와 같이 이 세상에 존재하는 '것'은 사람을 비롯하여 어느 하나의 예외도 없이 모두 '공'의 법칙에 따라 생겨나 존재하면서 변하여 마침내 사라지는[生住壞滅] 것으로서, '공'의 법칙의 지배를 받는 모두는 직접 간접으로 서로 관계되고 의존하는 처지에 있다. 이 세상의 어느 '것' 하나 본래부터 그 자체로서 실체성(實體性)을 가지는 것은 없고, 모두가 '공'의 테두리 안에서 한때 그 존재를 유지하는 것일 뿐 아니라, 그나마도 다른 헤아릴 수 없이 많은 '것들'의 도움으로 생겨나 존재를 유지할 수 있다. 다른 '것'과의 관계성(關係性)과 의존성(依存性)은 우리가 두 발을 디디고 서 있는 지구나 그 지구 위에 생물이 있을 수 있게 하는 우리의 항성(恒星)인 태양을 비롯한 모든 것에 연관된 현실적인 문제이다.

그런데도 지구상의 생물 가운데 유독 인간은 만물의 영장이라는 아만에 젖어 '공'의 진리에서 당연히 드러나는 상호 의존관계를 도외시하고, 오로지 인류의 물질적 풍요와 개인의 기호를 충족하기 위하여 환경파괴와 다른 생물의 멸종은 아랑곳하지 않고 독자적인 생존에만 연연해하고 있다. 그러니 불과 8개월을 지나는 사이에 세계적으로 약 2,500만 명을 넘는 확진자와 약 85만 명을 넘는 사망자를 낸 코비드 19(COVID-19)인들 우연한 일로 보이지 않는다.

여덟 가지 바른길, 곧 팔정도는 비단 자신의 괴로움을 사라지게 하는 길일뿐만 아니라, 이웃과의 관계성을 돈독히 하고 도움의 손길을 넓히는 첩경(捷徑)이라고 할 수 있다. 여덟 가지 바른길 가운데 특히 바른 소견[正見: right view], 바른 사유[正思惟: right thinking], 바른말[正語: right speech], 바른 행위[正業: right action]와 바른 생활[正命: livelihood]은 이웃에 대한 깊은 배려가 있어야 하는 덕목이다. 여기에서 이들에 관하여 간단히 살피고 넘어가는 것이 좋겠다. 먼저, 바른 소견은 한마디로 말한다면 올바르고 건전한 견해라고 할 수 있지만, 여기에서 바른 소견이란 곧 아상(我相)을 떠난 소견으로, 모든 존재에 대한 자비심과 생명을 아끼고 기르는 마음을 바탕에 깔고, 실상(實相)을 있는 그대로 볼 수 있는 마음의 상태를 가리킨다. 다음으로 바른 사유란 모든 사상(事象)을 각색함이 없이 있는 그대로 바로 보고 생각하는 것을 말한다. 그러므로 바른 생각은 앞에서 본 바른 소견과 상보관계(相補關係)에 있는 것임을 알 수 있다. 바른말이란 친절하고 개방적이며 진실한 말을 말한다. 사람은 말을 하지 않고는 하루도 지내기 어렵다. 그것은 사람이 다른 사람과 서로 어울려 산다는 뜻이다. 그런데, 다른 사람과 어울려 살기 위해서는 서로의 의사를 전달하는 수단으로 말을 해야 함은 물론이다. 바른 행위란 몸에 의한 행위를 대상으로 하는 것으로서, 근본적으로 우리 생활의 모든 영역에서 요구되는 바른 행위를 가리킨다고 하겠다. 그러므로 그것은 도덕적이고 올바른 행동을 말하는 것으로서, 남을 살상한다거나, 물건을 훔치거나, 부정한 거래를 하거나, 적절하지 않은 이성 관계를 맺는 것과 같은 행위를 삼감은 물론, 남을 존중하고 남을 돕는 일을 즐겨 하는 것이라고 할 수 있다. 끝으로, 바른 생활이란 남에게 해로움을 줄 위험이 있는 일로 생업(生業)을 삼지 않는 것을 말한다. 그러므로 이는 위의 바른 행위와 직접 관계되는 행동이라고 할 수 있다. 바른 행위는 자연스럽게 바른 생활로 이어지기 때문이다.

2. 세 가지 보배

1) 세 가지 보배란?

사람은 나면서부터 무엇인가에 의존하려는 경향이 많다. 자기의 부족함과 무력함을 의존을 통해서 보완하려는 생각에서이다. 어려서는 부모에게 의지하고, 장성하여 사회에 나와서는 친구나 선배에 의지하며, 나이 들어서는 자식(?)에게 의지하려는 것이 그것이다. 여기에 불자(佛子)로서 의지한다는 것은 붓다의 바른 가르침을 배워 익혀 불자로서의 생활에 흐트러짐이 없도록 함은 물론, 한 걸음 나아가 이웃을 이롭게 하고 해탈의 경지에 이르기 위한 것이라고 할 수 있다.

불교에서 독실하게 믿고 의지할 세 가지 보배, 곧 삼보(三寶: three treasuries)란 불보(佛寶), 법보(法寶)와 승보(僧寶)의 세 가지를 가리킨다. 다시 말하면, 우리와 같은 사람으로 태어나시어 모진 고행(苦行) 끝에 스스로 깨치신 붓다(Buddha), 그 붓다께서 중생 제도(濟度)를 위하여 반열반(般涅槃)에 드시기까지 45년에 걸쳐 펴신 가르침인 법(dharma), 그리고 세속(世俗)을 떠나 불도(佛道)에 귀의(歸依)한 출가승(出家僧)의 생활공동체인 승가(僧伽: samgha)를 가리켜 삼보라 한다. 붓다께서는 슈라바스티 기원정사(祇園精舍)에 계실 때 제자 비구들에게 이르시기를

"거룩한 제자는 부처에 대해 무너지지 않는 깨끗한 믿음과 법과 승가에 대한 무너지지 않는 깨끗한 믿음과 거룩한 계율을 성취하나니, 이것을 법경경(法鏡經)이라 하느니라."[36]

라고 하시어, 삼보에 관하여 가르치셨다. 모든 종교는 각각 그 종교의 귀의처(歸依處), 곧 믿고 의지할 곳이 있다. 가톨릭(Catholic)에서 성부(聖父), 성자(聖子)와 성신(聖神)의 성삼위(聖三位)에 귀의하여 기도하는 것은 그 예의 하나라고 할 수 있다. 그러나 불교에서의 삼보는 다른 종교에서 볼 수 있는 것처럼, 인간의 손이 닿을 수 없는 먼 곳에 있는 것이 아니라, 바로 우리의 삶 속에 인간과 함께 있는 존재라는 점에서 그 특별한 의의를 엿볼 수 있다. 붓다께서 스스로 종교에 관하여 이야기하신 적은 한 차례도 없다. 오로지 중생들을 괴로움에서 벗어나게 하기 위하여 중생을 교화하고 제도함에 온 힘을 다 기울이신 것을 우리는 잘 알고 있다. 그래서 붓다께서는 삼보야말로 모든 두려움을 벗어나게 하고, 번뇌를 떠나 진리를 깨달아 알게 하는 보배로운 것이라고 하셨는데, 삼보에 귀의하는 까닭도 바로 그 때문이라 하겠다. 이에 관하여 붓다께서는 타카실라국으로 교역(交易)을 위하여 떠나려는 바이샤리(毘舍離:

---

36 잡아함 30: 851 법경경 (1).

vaisali) 거상(巨商)들을 앞에 두고 이르시기를

"너희들은 넓은 들판을 가다가 두려움이 생겨 마음이 놀라고 털이 설 때는 여래에 대한 일을 생각하라. 곧, '여래는 다 옳게 깨달은 이, 내지 부처, 세존이시다.' 라고. 그렇게 생각하면 두려움은 곧 사라질 것이다. 또, 법에 대한 일을 생각하라. 곧, '부처님의 바른 법은 능히 현세에서 번뇌를 떠나기를 기다리지 않고 통달하고, 그것을 친근한 인연으로 스스로 깨달아 알게 한다.' 라고. 또, 승가에 대한 일을 생각하라. 곧, '세존의 제자는 착하고 바르게 나아가며 세상의 복밭이다.' 라고. 그렇게 생각하면 두려움은 곧 없어질 것이다."[37]

라고 말씀하시어 삼보에 귀의하는 공덕을 밝히셨다. 상좌부불교(上座部佛敎: theravada)인 남방불교권(南方佛敎圈)에서 아침저녁으로 봉송(奉誦)하는 삼귀의문(三歸依文)인

나의 머물 곳인 부처님께 귀의합니다(Buddham Saranam gachami)
나의 머물 곳인 법에 귀의합니다.(Dhammam Saranam gachami)
나의 머물 곳인 승가에 귀의합니다(Samgam Saranam gachami)

---
37 잡아함 35: 980 염삼보경.

라는 문구도 삼보에의 귀의를 되짚어 마음에 다지는 것이다. 이러한 삼보에의 귀의는 출가승뿐만 아니라, 재가 불자까지 포함한 사부대중(四部大衆) 모두에게 타당한 것임은 다시 말할 나위조차 없는 일이다.

2) 삼보에 귀의하는 의미

종교는 일신교(一神教: monotheism)이거나 다신교(多神教: polytheism)이거나, 무신교(無神教: atheism)가 되었거나 할 것 없이 모두 귀의처(歸依處)가 있게 마련이다. 그것은 초자연적인 절대자에 대한 믿음이나 우주의 진리를 깨친 분의 가르침을 통하여 인간 생활의 고뇌를 해결하고 삶의 궁극적인 의미를 추구하는 체계인 종교의 특성에 비추어, 해당 종교가 내세우는 귀의처를 믿고 의지하며 경배하는 것은 매우 자연스러운 현상이라고 할 수 있다. 그러한 뜻에서, 유대교(Judaism)에서 아브라함(Abraham)을, 가톨릭교(Catholicism)에서 성부(聖父: the Father), 성자(聖子: the Son), 성신(聖神: the Holy Ghost)의 성삼위(聖三位: the Trinity)를, 개신교(Protestantism)에서 예수 그리스도(Jesus Christ)를, 그리고 이슬람교(Islamism)에서 알라(Allah) 신을 믿고 경배하며, 힌두교(Hinduism)에서 브라마(Brahma), 비슈누(Vishnu)와 시바(Siva) 신을 섬기는 것은 바로 그러한 예라고 할 수 있다. 불교는 신을 믿는 종교가 아니기 때문에 귀의할 곳도 위에서 본 바와 같은 신이 아닌 세 가지 보배[三寶]이다.

붓다는 "현상의 상호의존관계(相互依存關係)를 보는 자는 법을 보고, 법을 보는 자는 여래(如來)를 보리라."라고 분명히 밝히셨고, 2세기 무렵 인도의 저명한 불교 철학자로 알려진 용수보살(龍樹菩薩: Nagarjuna)은 그의 중론(中論: Madhyamaka-sustra)에서 "삼보를 확인하는 요체는 현상의 상호의존성, 곧 '공'의 진리를 이해하는 것"이라고 하여 불교에서의 삼보론은 우주의 근본 원리인 '공'을 바탕에 깔고 있는 것임을 분명히 하였다. 그렇기 때문에, 불교에서의 삼보는 단순히 귀의의 대상에 그치는 것이 아니라, 불자가 실현하고 도달할 목표의 제시라고 할 수 있다. 왜냐하면, 삼보는 뒤에서 보는 바와 같이 모든 중생에게 내재하는 불성(佛性)을 그 근간으로 하기 때문이다.

불교의 삼보, 곧 세 가지 보배는 그 통상적인 의미와 함께 궁극적으로 지향하는 의미를 간직하고 있는 것이라고 할 수 있는 것이어서, 이에 관하여 간단히 살펴보기로 한다.

먼저, 불보(佛寶), 곧 붓다(Buddha)이다. 붓다는 우리가 모두 잘 이해하고 있는 바와 같이 인간으로 태어나 출가와 고행을 통하여 성불하신 붓다, 곧 화신(化身)으로서의 붓다를 뜻한다. 빨리5부경을 받드는 남방불교에서는 그러한 견해를 일관되게 유지한다. 그러나 보다 근본적인 입장에서 본다면, 불보로서의 붓다는 지혜와 자비(慈悲)의 화신이라고 할 수 있는 법신(法身)을 대상으로 하는 것이라고 할 수 있다. 그러므로 이러한 의미에서의 불보는 우리 주변에 상주하는 상징성(象徵性)을 가지는 것이다.

다음으로, 법보(法寶)는 통상 말하기를 붓다의 가르침으로 전승(傳乘)되어 오는 법을 가르치는 것으로 봄으로써, 흔히 팔만사천법문(八萬四千法門)을 그 법으로 드는 것이 보통이다. 그러나 궁극적으로 본다면, 붓다의 출가 고행의 직접동기였던 괴로움과 번뇌에 시달리고 있는 중생들의 괴로움이 사라지게 하는 길을 가르치신 법, 곧 네 가지 거룩한 진리[四聖諦]가 법보의 기본임을 알 수 있으며, 남방불교에서도 그러한 입장을 취하고 있다.

끝으로, 승보(僧寶)는 일반적으로 수행승(修行僧)과 그들의 생활공동체인 승가(僧伽)를 뜻하며, 이는 오늘날까지 남방불교권에서 유지해 오는 입장이지만, 보다 근본적으로 본다면 붓다의 가르침에 따른 바른길에 들어선 수행자(Ariyas)를 뜻한다고 보는 것이 실질에 부합되는 길일 것 같다.

3) 삼귀일성(三歸一性)

여기에서 삼귀의에 함축된 참된 의의(意義)를 살펴볼 필요가 있을 것 같다. 붓다께서는 대반열반경(大般涅槃經)의 제12 여래성품(如來性品)에서 이르시기를 "모든 중생은 모두 불성(佛性)이 있다[一切衆生悉有佛性]."라고 하시어,[38] 중생들도 모두 불성이 있음을 분명히 하셨다. 그런데도 중생들은 자기에게 불성이 있음을 스스로 알지 못하거나 보지 못한다는 데에 문제가 있다. 붓다께서 말씀하신 것은 모든 중생에게 '모두 불성이 있다'[悉有佛性]는 것이지, '모두 알고 본다'[悉知見]는 것은 아니다. 중생에게도 모두 불성이 있지만, 탐욕(貪欲), 성냄[瞋恚], 어리석음[愚癡]의 삼독(三毒)과 번뇌의 먹구름에 가리어 알지 못하고 보지 못하는 것이다. 마치 푸른 하늘에 빛나는 태양이 항상 떠 있지만 짙은 구름에 가리어 그것을 볼 수 없는 것과 같다. 사람들은 자기에게 불성이 있음을 굳게 믿고 알며, 실지로 보아 깨달아야 한다[信解見覺]. 이를 흔히 견성(見性)이라 한다.

삼귀의의 중심은 말할 것도 없이 붓다[佛]인데, 붓다의 본체(本體)는 불성(佛性: Buddha nature)이고, 붓다의 가르침인 법이

---

38 저자, 열반경 역해(상), 2018, 360쪽.

나, 붓다의 가르침을 스스로 닦아 익히고 남에게 전하여 가르침과 동시에 그 법을 길이 지킬 출가승의 생활공동체인 승가(僧伽)도 결국 불성의 현현(顯現)이라고 할 수 있다. 그러니, 세 가지 귀의처인 삼보는 결국 불성에 귀일(歸一)하게 된다. 한편, 당나라 혜충(慧忠) 국사(國師)는 "일체법은 오직 마음뿐이니, 마음이 바로 부처이고, 마음이 바로 법이다."[39]라고 밝혔는바, 결국 같은 취지의 말이라 하겠다. 그렇기 때문에 대반열반경에서는 "자신 속에 불성이 있음을 보면 멀리서 삼귀의처(三歸依處)를 구하지 않는다."[40]라고 분명히 하신 것이며, 일체삼보(一體三寶)라거나 동체삼보(同體三寶)라고 한 것도 그러한 뜻을 잘 나타낸 것이라고 할 수 있다.

붓다께서 대반열반경의 여래성품에서 가섭보살(迦葉菩薩)에게 이르시기를 "선남자여! 그대는 이제 성문(聲聞)과 범부(凡夫)인 사람처럼 삼보를 분별하지 말지니라. 이 대승(大乘)에는 삼귀의에 분별의 모습이 없으니, 왜냐하면 붓다의 성품[佛性] 속에 곧 법과 승가가 있되, 성문과 범부들을 교화하여 제도하려는 까닭으로 삼보의 다른 모습을 분별하여 말한 것이니라."[41]라고 하신 것도 같은 뜻을 보이신 것이다. 중생은 모두 불성을

---

39 명추회요, 105쪽.
40 저자, 열반경 역해(상), 376, 377쪽.
41 상게서, 375쪽.

지녔다는 것이니, 중생이 자기에게 불성이 있음을 알고 보기만 한다면, 귀의할 불성도 결국 우리 마음속에 간직된 것임을 알 것이어서, 귀의할 곳도 멀리 있는 것이 아니라 자기 마음속에 있는 셈이다.

3. 중도(中道)

1) 중도란 무엇인가?

중도론(中道論: middle path)은 붓다께서 6년에 걸친 사람의 상상을 초월하는 고행(苦行: duskara-carya, asceticism)을 통해서 스스로 깨달은 이치로서, 두 극단(極端)에 치우치는 것을 버리고 중도를 취하는 것만이 옳은 수행 방법이고, 이치에 부합하는 일이라는 것이다.

붓다 재세 시 인도에서는 견디기 힘든 고통을 참으면서 수행하는 자를 최고의 수행자로 받들고, 또 그와 같은 고행만이 깨달음에 이르게 한다는 생각이 지배적이었다. 그렇기 때문에 당시 싯달타 왕자도 흑림산(黑林山)에서 6년에 걸친 견디기 어려운 모진 고행을 하셨지만, 궁극적인 깨달음에 이르지 못하시자, 자기의 육신(肉身)을 괴롭히는 것만이 올바른 수행의 길이 아님을 깨닫게 된 것이다. 결국, 왕자는 흑림산을 나와 오늘날의 보드가야(Bodh Gaya)의 동쪽 곁을 지나는 니련선하(尼蓮禪河: nairenjana)에서 목욕하신 다음, 부근에 있던 그곳 촌장(村長)의 딸 수자타(Sujatha)가 바치는 유미죽(乳糜粥)을 받아 드신 뒤 건너편의 나지막한 언덕에 오르시어 그곳에 늠름히 서 있는 핍팔라(Pippala) 나무[42] 밑에서 결가부좌(結跏趺坐)하고 앉아 선사(禪思)에 드심으로써 스스로 연기법을 깨치시어 성불하시게 되었음은 우리가 잘 아는 사실이다.

사람은 무엇인가를 결정하려 할 때면 의례히 자기의 선입견(先入見)이나 편견(偏見)에 매이거나 집착(執着)하고 있는 바에 따르는 경향이 뚜렷하다. 그 뿐만 아니라, 자기가 처해 있는 사회나 집단에서 보편화된 관념에 순응하는 것이 보통이다. 그렇다 보니, 고식적(姑息的)인 흑백논리(黑白論理)에 치우치게 되기 쉽고, 결국 극단으로 치닫게 되는 예가 많은 것도 그 때문이라고 할 수 있다. 그러나 양단(兩端)이라는 것이 따로 있는 것도 아니다. 무엇을 기준으로 하느냐에 따라 중간도 될 수 있고 왼쪽 끝이나 오른쪽 끝이 될 수도 있는 것이다. 1m짜

---

42 핍팔라 나무 밑에서 붓다께서 성불(成佛)하셨다고 하여 그 나무를 보리수(菩提樹)로 부르게 되었다.

리 작대기의 경우 그 작대기의 양쪽이 각각 끝이 되고 50cm 의 위치는 중간이 되지만, 그 작대기를 반으로 자르면 25cm 의 부분이 중간이 되고 50cm가 끝이 되는 것과 같다. 잡아함 의 가전연경(迦旃延經)[43]에서 붓다께서는 가전연(迦旃延: Katyayana) 존자에게 말씀하시기를:

"세간에는 두 가지 의지가 있으니, 혹은 있음이요, 혹은 없음이 다. 잡음 때문에 부딪히고 잡음에 부딪히기 때문에 혹은 있음 에 의지하고 혹은 없음에 의지한다. 만약, 이 잡음이 없으면 마 음이 경계에 매이더라도 잡지 않고, 머무르지 않으며, 헤아리 지 않게 하여, 내게 괴로움이 생기면 생기는 대로 두고, 괴로움 이 사라지면 사라지는 대로 두어, 그것에 대하여 의심하지 않 고 스스로 아나니, 이것을 바른 소견이라 하며, 이것을 여래가 벌여놓은 바른 소견이라 하느니라.

무슨 까닭인가? 세간의 모임을 참다이 바르게 알고 보면, 혹은 세간이 없다고 하는 사람은 있을 수 없을 것이요, 세간의 사라 짐을 참다이 알고 보면, 혹은 세간이 있다고 하는 사람은 있을 수 없을 것이다. 이것을 두 극단을 떠나 중도를 말하는 것이라 하나니, 이른바 '이것이 있으므로 저것이 있고, 이것이 일어나

---

43 잡아함 12: 301 가전연경.

기 때문에 저것이 일어난다.……' 는 것이다."

라고 하시어, 연기법과 연결 지어 있음[有]과 없음[無]이라는 양
극을 떠난 중도를 바른 소견[正見]이라고 설명하신 것을 알 수
있다. 곧, 중도란 양극단(兩極端)을 떠난 것이지만, 그렇다고
양극단의 중간을 취하는 것도 아니다. 그것은 양극단을 거두
어 잡으면서 전체로서 조화로움을 잃지 않는 소견이라고 할
수 있다. 오늘날 우리 주변을 보면 진보 아니면 보수라는 진영
론리에 매어 중도적인 타협은 찾아보기 힘든 상태임이 안타
까울 뿐이다.

2) 중도의 내용

연기법과 '공' 및 중도론을 논리적으로 체계화한 2세기
경 인도의 용수보살(龍樹菩薩: Nagarjuna)은 그의 중론(中論:
Madhyamaka-sastra)에서 주장하기를 "유(有)가 만일 성립되지 않
는다면 무(無)가 어떻게 성립할 수 있겠는가? '유' 라는 법이
있기 때문에 '유' 가 파괴되며, 그것을 '무' 라고 부른다."라고
하면서, "만일 어떤 사람이 모든 사물에 대하여 깊이 집착하
면 반드시 그것들이 있다[有]는 견해를 내고야 만다. 그래서 자
성(自性)을 논파(論破)하면 곧바로 타성(他性)을 보게 되고, 타성
도 논파하면 있음[有]을 보고, 그 있음[有]도 논파하면 없음[無]

100

을 보게 된다. 또, 그 없음[無]도 논파하면 미혹(迷惑)에 빠지고 만다."[44]라고 하여 중도를 명쾌하게 설명하였다. 붓다께서 중도의 내용을 가장 이해하기 쉽게 말씀하신 예로 잡아함의 이십억이경(二十億耳經)[45]을 들 수 있다. 붓다의 제자 가운데 이십억이라는 비구가 있었다. 그는 부자 집 아들로 태어나 출가하였지만, 붓다의 제자들 가운데 붓다의 가르침을 배워 익히고 수행함에 정진을 게을리하지 않는 축에 들었음에도, 번뇌를 다 하지 못하였다. 그는 '나는 나름대로 최선을 다하여 용맹하게 정진하였는데도 번뇌를 여의지 못하고 있으니, 차라리 환속(還俗)하여 집의 재물로 보시하여 복을 쌓는 것이 낫겠다.'고 생각하였다. 이십억이 비구의 마음속 생각을 아신 붓다께서는 이십억이 비구를 부르시어 말씀하셨다.

"이십억이여! 그대는 속세에 있을 때 거문고를 잘 탔었는가?"
"그러하나이다. 세존이시여."
"그대 생각에는 어떠한가? 그대가 거문고를 탈 때 만약 그 줄을 너무 조이면 미묘하고 부드럽고 맑은 소리를 내게 할 수 있던가?"

---

44 龍樹菩薩, 中論, 淸目釋, 구마라집 한역, 김성철 역주, 2005, 253, 254쪽.
45 잡아함 9: 254 이십억이경.

"아닙니다. 세존이시여."

"그 줄을 늦추면 과연 미묘하고 부드럽고 맑은 소리를 내던 가?"

"아닙니다. 세존이시여."

"줄을 잘 골라 너무 늦추지도 않고 조이지도 않으면 미묘하고 화하고 맑은 소리를 내던가?"

"그러하나이다. 세존이시여."

"정진이 너무 급하면 들뜸을 더하고, 정진이 너무 느리면 사람을 게으르게 한다. 그러므로 그대는 마땅히 고르게 닦아 익히고 거두어 받아, 집착하지도 말고 방일하지도 말며 모양을 취하지도 말라."

이십억이 비구는 항상 붓다의 이 가르침을 가슴에 품고 가르침대로 함으로써 얼마 뒤에 아라한이 되었다고 한다. 거문고 줄에 비유한 붓다의 설법이야말로 중도의 참뜻을 온전히 보이신 좋은 예라고 할 수 있다. 이러한 뜻에서 중도야말로 오늘날의 우리가 마음에 깊이 새겨 행동 지침으로 삼을 바라고 하지 않을 수 없다.

제3장

어떻게 해야 할 것인가?

약 4만 년 전쯤으로 거슬러 올라가 이 지구상에 현생인류인 호모 사피엔스(Homo Sapiens)가 등장한 이래 우리 인류는 수많은 심각한 시련(試鍊)을 겪으면서 오늘에 이르렀다. 때로는 화산의 대폭발이나 대형지진 또는 장기적인 한발(旱魃)과 같은 자연재해로 인하여, 때로는 장기적인 대규모 전쟁이나 침탈(侵奪)로 말미암아, 또는 괴질(怪疾)의 확산으로 인하여 헤아릴 수 없이 많은 인명과 재산을 잃고 패닉(panic)에 빠져든 것이 한두 차례가 아니다.

이 지구는 인간만을 위한 것이 아니라, 헤아릴 수 없이 많은 생명체는 물론, 수많은 무생물이 서로 의존하고 공존하는 터전임은 다시 말할 나위조차 없다. 이 조그마한 태양계의 행성인 지구가 원만하게 제구실을 다 하려면 그 위에서 존재를 유지하고 있는 '것'들이 우주의 근본 법칙인 연기법과 '공'에 어긋남이 없도록 상호의존관계를 존중함으로써 서로의 균형이 유지되도록 하여야 함은 당연한 일이다. 그러나 인류 역사를 뒤돌아볼 때, 인간은 과연 지성(知性)을 가진 존재로서 걸맞은 길을 걸어왔는지 되돌아볼 필요가 있을 것 같다.

지구환경문제와 수많은 생물의 멸종(滅種: extermination of species)에 더하여 올해 들어 반년 이상이 지나도록 확산하고 있는 코비드-19의 팬데믹(pandemic) 현상 등은 예사로 보아 넘길 일만은 아닌 것 같다. 오로지 인간의 경제적 풍요와 편익을 향한 탐욕(貪欲)을 충족하기 위한 방편으로 화석연료(化石燃料: fossil fuel)의 사용이 천정부지로 증가함으로써 배출되는 이산화탄소(CO_2)의 급증은 지구온난화를 가속함으로써 지구의 생태계(生態系: ecosystem)에 심각한 영향을 미치고 있을 뿐만 아니라, 화학비료와 농약 등의 남용은 꿀벌을 비롯한 수많은 곤충의 멸종을 재촉하고 있음은 이미 잘 알려진 사실이다. 그뿐만 아니라, 인간의 기호를 충족시키려는 생각으로 빚어진 코뿔소, 호랑이와 고래를 비롯한 수많은 동물의 남획으로 이들 동물은 멸종의 위기에 놓이게 되었음도 우리가 이미 잘 알고 있다. 거기에 바이러스(virus)의 변형에 따른 질병의 인수간(人獸間) 전염(傳染)은 전염병의 신속하고도 광역적인 팬데믹(pandemic) 현상을 빚어냄으로써 극도로 발달하였다는 현대과학을 비웃기나 하듯이 창궐을 거듭하고 있다. 인간은 적어도 이쯤에서는 인류가 당면하고 있는 심각한 문제들의 근본을 살펴볼 필요가 있을 것 같다.

제1절 역사상 대표적인 비극

앞에서 간단히 본 바와 같이 인류는 수많은 극단적인 시련을 겪으면서 오늘에 이르렀다. 인류가 역사상 겪은 비극은 이루 헤아릴 수 없이 많지만, 이들을 크게 나누어 본다면 자연재해, 전쟁 및 전염병과 환경재앙을 들 수 있을 것 같다. 여기에서는 이들 네 가지 유형 가운데 대표적인 것을 예로 들어 보고자 한다.

1. 자연재해

1) 페름기에 벌어진 대재앙

지구상에 인류가 나타난 뒤 가장 심각했던 재앙으로 기억되고 있는 것은 약 2억 5천만 년 전인 페름기(Permian period)에 벌어졌던 대재앙이라고 할 수 있다. 지구의 기온이 약 5도

정도 상승함으로써 비롯된 이 재앙은 화산폭발(火山暴發), 바다의 수온상승(水溫上昇)과 태풍 등으로 이어져 지구상의 생물 96%를 멸종시키는 지구 최악의 재앙으로 남게 되었다. 그 재앙의 원흉으로는 지구 대기권(大氣圈)의 이산화탄소(CO₂) 농도 상승(濃度上昇)을 들고 있으나, 오늘날 지구상의 이산화탄소 배출량 증가 속도는 페름기의 약 10배에 이른다고 하니, 가공할 일이 아닐 수 없다.

2) 지진

자연재해의 대표적인 예로는 지진을 들 수 있을 것이다. 첫째로 526년의 안티오크(Antioch) 대지진을 들지 않을 수 없다. 안티오크 대지진에 관해서는 정확한 기록이 남아있지 않지만, 연구자들의 의견에 의하면 비잔틴(Byzantine) 도시를 송두리째 파괴하고 약 25만 명이 사망하였다고 한다.

그에 뒤이어 일어난 대지진이 이른바, 알레포(Aleppo) 대지진이다. 십자군 전쟁 얼마 뒤인 1,138년에 시리아의 알레포 대지진은 진도 8.3에 이르는 거대한 지진으로 알레포 성곽(城郭)은 물론 주변의 도시들을 모조리 무너트리고 약 23만 명의 사망자를 낸 끔찍한 재앙으로 기억되고 있다.

다음으로 들 만한 것이 1556년에 중국 산시성에서 일어난 대지진이다. 이 지진은 진도 8에 이른 것으로 알려졌고, 지름 840km에 이르는 광범한 지역을 황폐화하고 무려 83만 명의 사망자를 낸 것으로 기록된 대지진이다. 중국에서 일어난 대지진을 또 든다면 1920년의 하이위안 대지진을 들지 않을 수 없다. 이 지진은 진도 7.8에 이르는 큰 규모의 것으로, 무려 네 개의 도시를 황폐화하고 약 27만 명의 사망자를 기록한 대참사이다.

끝으로, 최근의 것으로 2010년의 아이티(Haiti) 대지진을 빼놓을 수 없을 것이다. 아이티는 자원이 매우 풍부하여 한때 중미 국가 중에서 잘사는 나라에 속하였으나, 정치적 혼란으로 인하여 지금은 중미에서 가장 어려운 나라로 전락하였다. 엎친 데 덮친 격으로 2010년에 진도 7의 대지진이 엄습하여 약 1,000만의 인구 가운데 약 31만 명의 사망자를 내고, 전국적인 파괴를 가져왔는데 지금도 복구사업이 진행되고 있다고 하니 짐작할 만한 일이다.

3) 화산폭발

다음으로, 큰 화산폭발의 예를 빼놓을 수 없을 것이다. 기록상 가장 큰 화산폭발의 예로 들 수 있는 것은 약 74,000년 전에 있은 인도네시아의 토바 화산 폭발이다. 이 화산폭발로 분출된 마그마와 화산재는 무려 2,800km에 이름으로써 지구를 장기적인 겨울로 몰아넣었고, 그 결과 생물의 60%가 멸종되었다고 한다. 두 번째로 들 수 있는 화산 폭발도 1815년 4월에 있은 인도네시아 탐보라 화산의 대폭발이다. 이 화산 폭발로 약 10만 명이 사망하였고, 화산재는 지구의 기온을 1 내지 2도 끌어내려 그해 여름을 송두리째 앗아감으로써 그 후 수년간 농작물의 큰 흉작을 가져왔다.

4) 환경재앙

환경재앙(環境災殃: environmental disaster)이라고 하면 흔히 폭염, 폭우, 한발(旱魃), 허리케인이나 태풍과 대형 산불 등 자연현상의 유형으로 보이는 환경상의 재앙으로 인식하는 것이 보통이다. 그러한 의미에서의 환경재앙이 근년에 와서 특히 두드러지게 나타나고 있다는 것이 이상한 조짐이다. 우선, 근년에 들어 북극권의 만년설은 물론, 북반구의 수많은 크고 작은 빙하(氷河)가 빠른 속도로 녹아내리고, 남극의 빙벽(氷壁)이 녹아 무너져 표류함으로써 해수면(海水面)이 상승하고, 특히 2019년에는 가뭄과 홍수, 폭염 및 대형 태풍 등이 국지적으로 큰 재앙이 되었다. 거기에, 아마존의 대형 산불을 비롯하여 미국 서부지역을 괴롭힌 산불의 연속과 2019년 12월경부터 본격화된 호주의 대형 산불은 계속된 폭염, 가뭄과 같은 이상 기후가 가져온 큰 재앙이라고 할 수 있다. 영국의 남극조사단(BAS)의 존 터너 교수(Prof. John Turner)가 이끄는 국제연구진이

최근에 발표한 바에 의하면 최근 5년 사이에 남극 웨들해에 있는 가장 큰 규모로 한국 면적의 약 5배인 약 100㎢에 달하는 여름 해빙(海氷)이 녹아 약 1/3의 크기로 줄었다는 것이다.

　앞에서 본 바와 같은 환경재앙을 가져오는 가장 큰 원인은 기후변화라고 할 수고, 그 기후변화의 원인은 자연적인 것과 인위적인 원인이 복합적으로 작용한 것이라고 할 수 있다. 먼저, 자연적인 원인의 예로는 태양 복사량의 변화라거나 태양 흑점수(黑點數)의 변화 및 화산의 분출 등을 들 수 있으나, 근년에 들어서 인간이 각종 운송 수단과 발전 및 생산공장 등에서 배출하는 엄청난 양의 이산화탄소(CO_2)가 결정적인 요인이 되고 있다. 2년 전인 2018년에 세상을 뜬 호킹(Stephen Hawking) 교수는 "지구온난화가 돌이킬 수 없는 티핑 포인트에 도달하고 있다."라고 하면서 "인류가 멸망하지 않으려면 200년 안에 지구를 떠날 준비를 하여야 한다."라고 경고하였음은 앞서 지적한 바와 같다.

2. 전쟁

인간이 저지른 대표적인 재앙으로 들 수 있는 것은 두말할 것 없이 전쟁이다. 전쟁은 무고(無辜)한 인명피해와 문화의 파괴는 물론, 막대한 경제적 손실을 초래하고, 각종 역질(疫疾)의 원인이 되기도 하는 커다란 비극이다. 역사상 기억되는 큰 규모의 전쟁을 몇 가지 짚어보고자 한다.

1) 십자군 전쟁

먼저 로마 교황의 주도로 11세기에서 13세기에 걸쳐 펼쳐진 십자군 전쟁을 들 수 있다. 십자군 전쟁은 이슬람교를 신봉하는 투르크(Turk)족의 발호(跋扈)로부터 기독교의 성지(聖地)로 치는 팔레스타인(Palestine)과 예루살렘(Jerusalem)을 되찾기 위하여 1096년부터 시작된 기독교와 이슬람교 사이의 종교전쟁이다. 이 전쟁에서는 8차례의 큰 회전(會戰)이 있었으나, 십자군 측에서는 한 차례를 제외하고는 모두 실패한 싸움이 되었을 뿐만 아니라, 대부분의 싸움이라는 것은 무고한 시민의 약탈과 학살로 얼룩진 불행한 전쟁으로 끝났다고 할 수 있다.

2) 백년전쟁

다음으로 들 수 있는 장기적인 전쟁은 이른바 백년전쟁

(百年戰爭)이다. 1339부터 1453년까지 약 100년 동안 지속되었다고 하여 백년전쟁이라 한다. 이 전쟁은 영국과 프랑스 사이에서 프랑스의 왕위를 둘러싸고 벌어진 것이다. 곧, 프랑스의 필립 6세(Philip VI)가 후사가 없이 사망하자 그 후계자를 놓고 벌어진 전쟁이다. 이 전쟁 역시 왕위계승권자를 놓고 벌어진 장기적인 전쟁으로 말미암아 수많은 무고한 시민들의 희생과 파괴를 불가피하게 한 예라고 할 수 있다.

3) 제1차 세계대전

세계적 규모의 근대적 전쟁의 첫 번째 예로 들 수 있는 것은 1914년부터 1918년까지의 제1차 세계대전이다. 이 전쟁의 직접 원인은 발칸반도에 위치한 세르비아에서 오스트리아 황태자 부부를 암살한 것이 계기가 된 것이나, 그것은 오스만 제국의 지배에서 벗어나 모처럼 자치권을 획득한 발칸반도의 세르비아를 오스트리아가 침공하여 다시 지배하게 되자 그에 분개한 독립주의자인 청년이 저질은 암살이었다. 황태자가 암살되자, 오스트리아가 세르비아를 응징하려고 군을 파견하였고 이에 러시아가 세르비아를 옹호하여 참전하게 되고, 독일이 오스트리아의 편을 들어 참전하게 됨으로써 위험을 느낀 영국과 프랑스가 독일에 맞서 싸우게 된 전 유럽적인 전쟁이 제1차 세계대전이다. 이 전쟁은 독일이 승세를 거의 굳혔

으나 미국의 참전으로 말미암아 전세가 뒤바뀌고, 그로 인하여 미국은 세계의 강대국을 자처할 수 있는 계기가 된 셈이다. 이 전쟁은 많은 희생자를 낸 것으로 유명하여, 약 1,000만 명의 전투 요원과 약 2,000만의 민간인 사망자를 넘음으로써 전체 인구의 약 1/3이 생명을 잃는 결과가 되었다. 그뿐 아니라, 1차 대전 말엽에 만연하기 시작한 스페인 독감은 역사상 가장 무서운 역질(疫疾)로 알려졌고, 1차 세계대전의 종식(終熄)을 앞당긴 원인이 될 정도로 심각한 것이었다.

4) 제2차 세계대전

전쟁하면 빼놓을 수 없는 것이 제2차 세계대전이다. 제2차 세계대전이야말로 인류역사상 가장 비참하고 격렬하며 명실상부한 근대적 세계대전이라 할 수 있는 규모의 것이었는바, 세계 각국이 전쟁 당사국이거나 전쟁에 휘말려 듦은 물론, 대량살상무기가 등장한 까닭이다. 1939년 9월부터 1945년 8월에 이르는 사이에 전 세계적으로 전개된 전쟁이기도 하지만, 인명피해만 하여도 전투 요원 약 2천 5백만 명과 민간인 약 3천만 명으로, 도합 약 5천 5백만 명에 이르는 사망자를 내고, 유대인 약 6백만 명이 학살되는 비극을 맞았다. 그 뿐만 아니라, 일본의 히로시마(廣島)와 나가사키(長崎)에 원자탄(原子彈)이 투하되는 처음 사례가 되었다.

3. 전염병

1) 페스트(흑사병: pest)

인류역사상 가장 심각한 전염병으로 기록된 것은 흑사병
이다. 십자군 전쟁이 막 끝나고 백년전쟁이 시작된 1340년대
부터 창궐하기 시작한 페스트, 곧 흑사병은 당시 유럽 인구의
1/3이 사망하는 끔찍한 결과를 낳았음은 물론, 흑사병이 창궐
하게 된 원인을 거지, 유대인, 외국인 등 소수자에게 떠넘겨
학살하는 이른바, 마녀사냥이 유럽 도처에서 일어나고, 사람
들은 그때마다 즐기는 생활 태도를 가지게 되었다.

2) 콜레라(cholera)

수인성(水因性) 풍토병인 콜레라는 영국의 식민지 지배가
시작된 후인 1820년부터 1830년에 걸쳐 영국의 선박과 군인
에 의하여 세계적으로 전파됨으로써 그 위력을 발휘한 전염
병으로, 당시 콜레라로 인한 사망률은 감염자의 무려 30%를
웃돈 것으로 전해진다. 우리나라도 1821년을 기점으로 약 50
년간에 걸쳐 콜레라로 인한 막대한 희생을 감수하지 않을 수
없는 쓰라린 경험이 있다.

특히, 제2차 세계대전 직후인 1946에 벌어진 콜레라 팬
데믹은 심각한 것이었는데, 인도와 중국에서만 해도 각각 25

만 명의 감염에 각 2만 명의 사망자가 발생하였고, 미군정 아래 있었던 우리나라에서도 그 전염 속도가 빨라 감염자 수를 정확히 알 수 없을 정도였다. 저자의 기억에 의하면 외출할 때에는 호열자(胡熱刺) 예방주사 증명서를 지녀야 했고, 동네 밖 출입을 하려면 여행증명서가 있어야 할 정도였으며, 냉면의 판매금지까지 시행하였다.

3) 사스, 메르스, 코비드-19

현재 세계적으로 확산하고 있는 코비드-19(COVID-19)와 사스(SARS) 및 메르스(MERS)는 같은 호흡기 감염증에 속하는 바이러스성 전염병이다. 2002년에 중국에서만 해도 774명의 사망자를 낸 사스는 코로나바이러스(corona virus)가 변형된 것으로, 박쥐가 숙주(宿主)이지만 주로 사향고양이가 전파하는 것으로 알려져 있다. 사스는 치사율이 9.6%에 이르는 위력적인 전염병이다. 2012년 중동의 사우디아라비아(Saudi Arabia)에서 유행하기 시작한 메르스도 코로나바이러스가 변형된 것으로, 박쥐가 숙주지만 낙타를 통하여 전파된 것으로 알려져 있으며, 흔히 중동호흡기증후군으로 불린다. 메르스는 특히 치사율이 높은 전염병으로, 한국 기준의 치사율은 20.4%이지만 세계적인 치사율은 34%에 이르는 것으로 알려져 있다.

2019년 12월 하순에 중국의 우한에서 비롯된 것으로 알려진 코비드-19도 코로나바이러스가 변형된 것으로 박쥐를 숙주로 삼지만, 전파 경로는 다양하며, 특히 감염력이 강하여 불과 8개월이 지난 현재 확진자 수는 이미 2,500만 명을 초과하였고 사망자 수도 85만 명을 넘었다고 하지만, 아직도 그 팬데믹 현상은 수그러들지 않고 있어 전체 피해자 수를 예측하기는 이르다.

사스, 메르스와 코비드-19는 모두 코로나바이러스(corona virus)가 변형되어 발생한 질병이라는 점에서 공통성이 있다. 코로나바이러스는 표면에 돌기가 있는 RNA 바이러스에 속하기 때문에, DNA 바이러스에 비하여 변종(變種)이 생길 확률이 매우 높은 것이 특색이라고 할 수 있고, 그만큼 위험성이 큰 것임을 알 수 있다.

제2절 재앙이 남긴 교훈

앞에서 인류역사상 경험한 가공할만한 대표적인 재앙을 살펴보았거니와, 인간이 저질은 대대적인 전쟁 또는 큰 규모의 화산폭발이나 지진은 거의 예외 없이 심각한 역질의 확산으로 이어졌음을 알 수 있다. 우선, 전쟁의 경우만 보더라도 제1차 세계대전의 말기에 유럽에서 퍼지기 시작하여 무서운 속도로 확산함으로써 전쟁의 종식을 앞당기게 한 스페인 독감이 그 예의 하나이고, 제2차 세계대전의 말기에 확산되기 시작한 콜레라도 그러한 예에 속한다고 할 수 있다. 그뿐만 아니라, 경제적 번영과 개인 생활상의 여유에 편승하여 개인의 기호를 충족시키기 위한 무분별한 육식과 동물의 남획은 세균이나 바이러스의 변형에 따른 역질(疫疾)의 인수전염(人獸傳染)을 초래함으로써 인간이 경험하지 못한 새로운 전염병에 시달리는 경험을 하지 않을 수 없게 만들었다.

이 우주와 그 속에 있는 헤아릴 수 없이 많은 별은 물론, 태양계의 작은 행성(行星)인 지구와 그 속에 존재하는 '것'들은 하나의 예외도 없이 연기법과 '공'의 진리에 따라 생겨나 존재를 유지하면서 변하고 결국 사라진다는 것은 위에서 살펴본 바와 같다. 그렇기 때문에, '공'에서 생겨난 모든 '것'은 어느 하나의 예외도 없이 모두 헤아릴 수 없이 많은 '것'들로부터 알게 모르게 도움을 받으면서 그 존재를 유지할 수 있는 것임은 다시 말할 나위조차 없다. 그러니, 다른 '것'과의 상호의존관계를 떠나서는 어느 하나 제대로 구실을 할 수 있는 것이 있을 수 없음은 물론, 단 한 달도 견디기 힘들다는 것은 분명한 일이다. 이치가 이러함에도 불구하고, 인간중심주의에 현혹된 나머지 다른 '것'과의 상호의존관계를 외면하고 탐욕에 몰입함으로써 지구환경을 파괴하고, 전쟁이라는 미명아래 수많은 인명을 살상하며, 죄 없는 많은 희귀동물 등을 멸종의 비극으로 몰아넣는 불행이 이어지고 있으니 한심스럽기 짝이 없는 일이다.

진리에 어긋나 상호의존관계의 요구를 도외시함으로써 죄 없는 많은 희귀동물을 멸종으로 내몰고, 무수한 인명을 살상함은 물론, 농산물의 수확률을 높이기 위하여 농약을 남용함으로써 인간의 생활상 없어서는 안 될 곤충이나 미생물을 멸종시키고, 급기야 지구환경의 파괴에까지 이르게 되었으니, 그 죄과가 무겁지 않을 수 없음은 당연한 일로 여겨진다. 위의 '공'에 관한 설명 부분에서도 언급하였듯이 인간의 경우만 해도 사람이 자기 혼자만의 힘으로는 단 며칠을 생존할 수 없다. 우선, 많든 적든 밥을 먹어야 할 것이고, 밥을 먹으려면 적어도 한두 가지의 반찬은 곁들여야 할 것이며, 몸을 가리는 옷을 입어야 함은 물론 몸을 뉠 집이 필요함은 당연한 일이다. 최소한의 의식주만 해도 이런데, 그나마 자급자족할 수는 없고 그것들은 모두 많은 사람의 노력의 산물일 뿐만 아니라, 풍부한 일광(日光), 적절한 물, 필요한 온도 그리고 양질의 토양이라는 자연의 힘이 가세함으로써 비로소 얻어질 수 있는 것임은 다시 말할 나위조차 없는 일이다. 이는 사람이 살아가는 데 있어서 극히 소박하고 단순한 상호의존관계를 매우 형식적으로 보인 예에 불과하다. 그러니, 설사 인간이 아무리 능력이 뛰어나고 만물의 중심에 있다고 가정하더라도 상호의존관계를 도외시하고는 그 존재를 유지하기조차 어려울 것임은 의문의 여지가 없는 일이다.

1. 코비드-19 이후의 전망

1) 코비드-19가 초래한 것

(1) 코비드-19가 가져온 것

코비드-19의 세계적인 확산은 미시세계(微視世界: micro-state)의 하잘것없어 보이는 바이러스가 70억 인구의 세계를 온통 뒤흔들어놓은 셈이다. 그러나 알고 보면 사람을 비롯한 모든 생물은 미시세계가 지배하고, 미시 수준의 것을 떠나서는 존재를 유지할 수 있는 것은 하나도 없다고 해도 결코 지나침이 아닐 것이다. 우선, 사람의 몸만 보더라도 인체는 주로 수소, 산소, 탄소, 질소와 소량의 인(燐) 및 유황(硫黃)으로 구성되어 있을 뿐만 아니라, 그 사람의 몸속에는 헤아릴 수 없이 많은 갖가지 미생물(微生物)과 바이러스가 공생하고 있다. 이러한 인체나 각종 생물은 위에서 본 바와 같이 인연에 따라 여러 인자가 모여 생겨나서 일정한 기간 생명을 유지하다가 변하여 결국 사라져 본래의 상태로 되돌아가는 것이 우주의 진리이다. 그러나 우주는 특별한 의도가 있는 것이 아니라, 오로지 우주의 법칙에 따라 움직일 뿐이고, 사라지지 않는 것은 오직 미립자(particle)와 에너지(energy)뿐이며, 우리가 태어나고 죽는다는 것도 우리의 의사(意思)와는 관계없이 이루어지는 현상이다.

아무튼, 이번의 코비드-19는 인간의 생활 관계에 많은 변화를 가져왔다. 우선, 코비드-19의 확산을 막기 위한 방편의 하나로 채택된 이른바, '사회적 거리두기(untact)'와 봉쇄정책(封鎖政策)의 실시는 자연히 비대면(非對面) 업무처리, 국경폐쇄, 국제항공로선의 중단, 국제적인 상품교역의 중단과 각종 문화행사 등의 중단은 물론, 대형 마트나 백화점 및 음식점 등의 이용에 적지 않은 제한이 수반되게 된 것이 사실이다. 물론, 모든 국가가 예외 없이 모두 '사회적 거리두기'와 국경봉쇄와 같은 시책을 시행한 것은 아니고, 스웨덴(Sweden)의 경우처럼 집단면역책(集團免疫策)을 채택한 나라도 없지 않지만, 참담한 결과를 맛보지 않을 수 없었다는 것은 이미 잘 알려진 사실이다.

이러한 현상은 인력에 주로 의존하는 공장의 가동제한과 사람들의 외부활동 제한으로 음식점이나 대형 상점들의 운영난을 생각할 수 있음은 물론, 그 여파는 해고(解雇) 내지 기업의 채산악화(採算惡化)와 직결된다는 것은 누구나 생각할 수 있는 일이다. 그뿐만 아니라, 국경봉쇄 등에 따른 국제교역의 제한은 당연히 경상수지(經常收支)의 악화로 연결됨으로써 가뜩이나 악화일로에 있는 재정 상황을 더욱 핍박하는 요인으로 작용할 것임은 물론이다. 여기에 인기주의(populism)에 길들여진 각국 정부는 건전재정(健全財政)은 아랑곳할 것 없이 침체된 경제의 부양을 내세워 이른바, '재난지원금' 등 명목의 현금을 모든 국민에게 지급함으로써 막대한 재정적자를 감수하지 않을 수 없게 된 것을 부인할 수 없다. 곶감이 입에 달다고 곶감 꼬치에서 곶감 빼 먹듯 해서는 뒷감당을 하기 어려움을 알아야 할 일이다.

(2) 코비드-19가 남긴 교훈

코비드-19의 감염(感染)과 확산을 막기 위한 노력의 일환인 '사회적 거리두기'로 말미암아 사람들의 대외활동이 줄어들고 공장 가동과 각종 운송 수단의 운용 등이 현저히 줄자, 그로 인하여 잠시나마 쉴 틈을 얻게 된 지구와 야생동물들이 모처럼 자연스럽고 평화로운 환경을 맞이하는 역설적인 현상이 벌어짐으로써 우리에게 큰 교훈이 되고 있음은 그나마 다행스러운 일이다. 몇 가지 예를 들어보려고 한다.

먼저, 영국 런던 교외의 주택가에 사슴 여러 마리가 나타나 한가로운 한때를 보내고 있는가 하면, 영국의 노폭(Norfolk)에는 염소 떼가 찾아들고, 칠레(Chile)의 산티아고(Santiago)에는 퓨마가 나타나기조차 하였으며, 도로에 자동차와 사람의 통행이 줄어 소음이 잦아들자 새소리가 그 자리를 메운 예가

123

늘었다고 한다. 그런가 하면, 멕시코의 음악가 달리시오 (Dallecio)가 최근 트위터에 '자연이 너무 아름답다.'라는 제목으로 올린 글에 의하면, 관광지로 잘 알려진 멕시코(Mexico) 아카풀코(Acapolco) 해안가까지 수십 마리의 가오리 떼가 몰려와 한가로이 헤엄치며 즐기는 것이 눈에 띄어 그곳에서 40년 이상을 살면서 한 차례도 그러한 경험을 한 일이 없는 주민들을 놀라게 하였다고 한다.

한편, 관광객이 크게 줄어들자 베네치아 운하의 물이 맑아지고 해파리가 보일 정도가 되었다니, 놀라운 일이 아닐 수 없다.[46] 코비드-19로 인한 사회적 거리두기와 갖가지 봉쇄 내지 제한으로 거리는 비교적 한산해지고, 이산화탄소를 배출하는 각종 시설의 가동 제한은 공기를 맑게 함은 물론, 바다도 선박운행이 줄어 조용함을 되찾게 되었다. 가장 두드러지게 나타난 변화는 공기의 질(質)이라고 할 수 있는데, 2020. 1. 23. 중국 정부의 우한(武漢)에 대한 봉쇄조치를 계기로 중국 대기 중 이산화질소의 농도는 2월에 들어 30% 감소하였고, 이탈리아에서도 3월에 들어 약 45% 하락하였는데, 이산화질소는 공장이나 자동차에서 배출되는 공기오염물질의 하나이

---

46 2020. 4. 23. 네이버 뉴스 참조.

다. 그뿐만 아니라, 미국 캘리포니아의 교통량은 60% 줄었고, 3월 말을 기준으로 세계 정기항공편은 작년 동기대비(同期對比) 48% 감소하였으며, 유럽의 경우를 보면 감소 폭이 90%에 이른다고 한다. 상황이 이와 같이 변하다 보니, 인공위성에서 중국의 만리장성을 볼 수 있게 되었고, 200km 밖에서 육안으로 히말라야(Himalaya) 산맥을 선명하게 볼 수 있게 됨으로써 대기오염에 따른 사망률을 크게 낮추고, 물고기와 야생동물들이 어느 정도 평온한 세상을 되찾게 된 셈이다.[47] 그것만이 아니다. 세계 27개국의 과학자 76명이 전 세계 268개 지점에서 수집한 지진계 자료를 분석한 결과 올해 3월부터 5월까지 지구 곳곳의 지진소음(地震騷音)은 평소 한밤중이나 연휴 기간에 측정된 수준으로 급격히 감소하였는데, 이는 지진학 연구 사상 유례가 없는 일로서, 코비드-19로 인한 경제봉쇄와 사회적 거리두기로 사람들의 이동이 크게 제한된 데 따른 것으로 분석되었다고 한다.[48] 사람들로 인한 지진 소음이 줄어든다면 실제 지진감지(地震感知)가 그만큼 쉬워질 것은 당연하다.

코비드-19의 팬데믹 현상은 부정적인 측면을 무시할 수

---

47 2020. 4. 13. 한겨레 뉴스 참조.
48 2020. 7. 25. 22: 34, YTN 뉴스 참조.

없지만, 동시에 대기오염의 주범이 무엇인지를 뚜렷이 보여준 긍정적인 계기가 되었다고 할 수 있다. 코비드-19는 그동안 우리에게 큰 근심거리로 등장한 환경오염과 지구온난화라는 큰 문제의 원흉은 다름 아닌 바로 인간의 탐욕스럽고 어리석은 마음이었음을 보여준 것이라고 할 수 있다.

2) 코비드-19 이후 예상되는 변화

(1) 코비드-19가 보여준 길

미국전염병연구정책센터(CIDRAP)는 지난 4월에 발행한 보고서에서 코비드-19는 앞으로 2년간 확산과 위축을 반복할 것이라고 하였지만, 그 보고서가 아니더라도 코비드-19는 쉽게 물러갈 것 같지 않다. 처음 몰아닥친 파도가 물러가는가 싶더니, 두 번째 파도가 이미 몰려오고 있으며, 기온이 올라가는 여름철이 다가오면 수그러들 것이라던 기대는 무산되고 말았다. 사람들은 코비드-19 이후에는 우리의 생활 관계에 많은 변화가 올 것으로 짐작은 하면서도, 변화를 불안해하고 있는 것도 사실인 것 같다. 그러면서도, 많은 사람은 코비드-19는 인간의 지칠 줄 모르는 탐욕으로 인한 자연파괴가 주 원인이 된 것으로 인식하는 것 같다. 과연 그렇다면, 탐욕을 줄임으로써 자연 파괴를 피하면서, 인간이 파괴한 자연 상태의 복원을 서두름은 물론, 인간과 자연을 비롯한 모든 '것'과의 상호의존관계를 원만하게 되돌려야 한다. 호킹스 박사가 강조한 것처럼 우리에게는 남은 시간이 별로 없음을 유의할 필요가 있다.

사람이 습관화된 생활방식이나 의식을 바꾼다는 것은 그리 쉬운 일이 아니다. 말로는 그 필요성을 주장하고, 반드시 이루어내야 함을 알면서도, 막상 행동에 옮길라치면 하루하루 망설이면서 시간을 낭비하는 것이 사람들이 흔히 하는 일이다. 그러나 인간의 생사가 걸린 문제요, 그것도 시간에 쫓기고 있다면 주저할 여유가 없다. 우리 인류가 살아남기 위한 지구환경의 문제와 지구에서 생명을 유지하는 '것'들의 공생(共生)의 문제는 그 개선의 시한을 2050년으로 보는 것이 많은 학자의 거의 공통된 견해인 것 같다. 과연 그렇다면, 우리가 쓸 수 있는 시간은 1, 20년밖에 남지 않은 셈이다. 첫째로 우리는 1, 20년 안에 무슨 수를 쓰든 이산화탄소를 현재의 반 이상 줄여야 한다. 그러면서, 자연과 생명 및 생명 상호 간에 조화로운 공생, 상호의존관계가 복원되도록 생활패턴을 전환해야 할 것이다. 이는 몇 사람의 노력이나 한두 나라의 노력으로 될 일이 아니고, 모든 인간, 기업, 정부와 국제기구가 한 덩어리가 되어 추진할 불가피한 과제라고 할 수 있다.

(2) 구체적인 행동 방향

앞에서 코비드-19가 보여준 우리의 나아갈 길에 관하여 간단히 살펴보았거니와, 여기에 구체적인 행동 방향 몇 가지를 제시하고자 한다.

첫째: 사고(思考)의 근본적인 전환:

사람의 행위는 그 행동에 앞선 생각에서 비롯된다. 그러므로 행위를 바꾸려면 먼저 생각을 바꿔야 한다. 그래서 사고의 근본적인 전환이 필요하다는 것이고, 붓다께서 괴로움을 없애는 여덟 가지 바른길[八正道]의 맨 앞에 바른 소견[正見]과 바른 생각[正思惟]을 두신 것도 바로 그 이유라고 할 수 있다.

모든 생명은 소중하다. '공'의 원리에 비추어 볼 때, 모든 생명이 생겨나는 과정은 대동소이(大同小異)하며, 모든 생명은 일정 기간 이 세상에 머물면서 변하여 결국은 모두 생겨나기 이전의 상태로 되돌아간다. 거기에 이 생명은 귀하고 저 생명은 하찮다거나, 사람의 생명은 귀하고 다른 동물의 생명은 천한 것이라거나, 내 생명은 존중되어야 하지만 저 사람의 생명은 보잘것없는 것이라는 일은 있을 수 없고, 모든 생명은 알게 모르게 상호의존관계에 있는 것이어서, 한 생명이 무고하게 죽으면 그 영향이 다른 생명에게 미치게 됨을 분명히 알아야 한다.

둘째: 생활태도의 대변화:

오늘날 사람들의 삶은 정도의 차이는 있지만, 전체적으로 보아 매우 풍요로운 것이 사실이다. 우리나라의 경우만 보아도 저자가 젊었을 때인 1960년대 중반까지만 해도 봄철 보릿고개를 넘김에 있어서 초근목피(草根木皮)로 연명하는 일이 시골에서는 흔히 볼 수 있는 상황이었음은 물론, 전국적으로 개인 소유의 승용차라는 것도 그 수를 셀 수 있을 정도의 것에 불과했다. 이를 1인당 국민소득을 통해서 보는 것이 이해하기 쉬울지도 모른다. 우리나라 1인당 국민소득(GNI)은 1960년에 불과 US \$87이던 것이 1970년에 US \$249, 1980년에 US \$1,598을 거쳐, 2000년에 들어 US \$10,013에 이르게 되고, 2008년에 US \$20,000을 거쳐 2019년에 US \$30,000의 고개를 넘게 되었다. 참으로 눈부신 속도의 경제성장이었다고 할 수 있다.

사람들은 하나를 갖게 되면 둘, 셋을 가지려 하고, 셋을 갖게 되면 다섯이나 여섯을 가지려는 탐심(貪心)이 끝이 없음은 물론, 그 탐하는 마음은 집착(執着)을 수반하여 그 탐착(貪着)에서 좀처럼 헤어나기 어려운 것이 통례이다. 그렇기 때문에 사람은 여간해서 만족할 줄을 모르고, 늘 불만에 차 있는 괴로움 속에서 지내야 한다. 그러나 만족할 것인지, 괴로움에서 벗어날 것인지는 오로지 자기 자신의 마음가짐과 생활 태도에 달린 일이다. 지혜로운 이들이 소욕지족(少欲知足)을 강조하는 참뜻을 알 수 있게 한다. 우리는 정결하고 소박한 삶 속에서 참다운 만족과 행복을 느낄 수 있음을 알아야 한다. 우리는 생활 과정에서 스스로에게 이롭되 남이나 다른 생명에게도 이롭도록 배려하는 생활 습관을 기름으로써 자리이타(自利利他: self regard and altruism)를 생활화하고, 생명의 공생(共生)을 도모할 일이다.

셋째: 자연환경의 보전:

지구는 사람의 것이 아님은 물론, 누구의 것도 아니다. 오직 하나뿐인 지구(the only Earth)는 지구상에서 삶을 이어가는 뭇 생물의 공통의 삶의 터전이요, 뭇 생명이 태어나고 삶을 유지하다가 무너져 죽어가는[生住壞滅] 공동의 공간이다. 그럼에도 불구하고, 오직 경제적 풍요와 탐욕을 추구하는 인간은 개발이라는 미명(美名) 아래 지구의 자연환경을 마구 파헤치는가 하면, 물줄기를 끊거나 이리저리 돌리며, 수자원(水資源) 확보라는 구실을 내세워 지하수계(地下水系)를 마구 오염시키고 있다. 어디 그뿐인가? 공업용은 물론 생활상 필요한 에너지를 얻기 위하여 화석연료(化石燃料: fossil fuel)를 대량으로 사용하는 결과 막대한 양의 이산화탄소(CO_2)를 배출함으로써 지구온난화를 가속하고 있으니, 지구적 차원의 재앙에 직면함은 이미 예견된 일이라고 하겠다.

이번 코비드-19 확산을 통한 경종을 계기로 자연환경의 보전을 위해 필요한 복원과 화석연료 사용의 극단적인 제한은 물론, 전통적인 에너지에 의존하는 자체를 적극적으로 줄일 방안을 강구하여야 할 일이다.

(3) 예상되는 변화

앞에서 본 바와 같은 현상은 코비드-19의 파도가 지나간 뒤에는 마치 언제 그랬냐는 듯이 대부분 원상으로 복원될 가능성이 높지만, 국내외의 생활 관계와 환경보호 등에 적지 않은 변화로 작용할 것임은 의문의 여지가 없을 것 같다.

또한, 코비드-19의 세계적인 확산은 세계 각국이 근래에 보기 어려운 극단적인 처방을 불가피하게 하였고, 그것은 이 팬데믹 현상이 고개를 숙인 뒤에도 적지 않은 영향을 미칠 것이다.

먼저, 생각할 수 있는 것은 비대면 업무처리와 관련된 문제이다. ICT(정보통신기술)의 대량적이고 광범위한 보급은 코비드-19에 대처하기 위한 '사회적 거리두기'의 일환으로 재택근무(在宅勤務) 등 어느 정도 효과적인 업무 처리에 크게 이바지한 것이 사실이다. 일정한 범위 안에서의 재택근무와 그것을 활용한 거점사무실의 효과적인 활용은 많은 중소기업이나 벤처(venture) 기업의 사무실 공간 확보를 위한 부담을 줄이고, 특히 여성 근무자를 위한 합리적인 근무환경 확보에 이바지할 수 있다는 점에서 제도적으로 정착할 가능성이 충분하다고 할 수 있다.

1980년대의 이른바, 우루과이 라운드(Uruguay Round)의 여파로 이루어진 경제의 세계화를 위하여 발족한 WTO(國際貿易機構: World Trade Organization)로 인하여 적어도 경제활동에 관한 한 국경 관념이 희박해진 것이 사실이다. 그러나 이번에 세계를 휩쓴 코비드-19는 국경관념을 되살리는 큰 계기가 될 것 같다. 코비드-19의 팬데믹 현상을 차단하기 위한 방편으로 각국이 채택한 국경봉쇄와 그에 따른 민간항공기의 운항정지 및 각종 부품과 생산품의 교역 중단 등은 국경 관념을 일깨우기에 충분한 것이다. 앞에서 본 바와 같은 경제의 세계화가 안고 있는 문제점이 하나둘 노출되기 시작한 시점에 벌어진 이번의 일들은 결국 국민생활상 불가피하게 요구되거나 국가 경제의 주축을 담당하는 물자의 국내 생산과 연관되는 최소한의 장치를 확보하게 하는 계기가 될 것이며, 국제교역은 그 범위 안에서 퇴화의 길을 걷지 않을 수 없을 것으로 보인다. 한편, 천정부지(天井不知)로 올라가는 임금과 과격한 노조(勞組) 활동의 부담을 피하여 외국으로 탈출하는 경향을 보이던 기업을 되돌리기 위한 국가적 노력도 고개를 들 것이 예상되는 부분이다.

특히 관심의 대상이 될 것으로 여겨지는 것은 대기환경을 비롯한 지구적 환경보전을 위한 노력의 활발하고 효과적인 시행이다. 앞에서 간단히 소개한 바와 같이 이번의 코비드-19의 확산을 차단하기 위하여 각국이 취한 시책들, 특히 '사회적 거리두기'와 국경봉쇄 등 조치로 말미암아 사람의 활동이 제한되고 비행기와 자동차를 비롯한 각종 운송 수단의 운용과 공장의 가동이 제한됨으로써 나타난 지구 환경상의 변화는 바로 각종 환경오염의 주범이 무엇인지를 극명하게 보여주었다. 그것은 곧 지구온난화와 대기오염을 비롯한 심각한 환경문제의 효과적인 해결을 위한 방향을 제시한 것이라는 의미에서 시사하는 바가 매우 크다고 하겠다.

한편, 코비드-19는 이른바 세계적인 강대국의 관념에 큰 변화를 가져올 계기가 될 것으로 보인다. 이른바, 강대국이 나름의 역할을 다하기 위해서는 자기 위주의 세력권에 속하는 국가가 어려움에 처한 때에는 그에 대한 효과적인 지원을 아끼지 않아야 함은 당연한 일이다. 그런데 이번 코비드-19의 경우를 보면 큰 나라는 큰 나라대로, 작은 나라는 작은 나라대로 각자도생(各自圖生)에 바쁜 나머지 다른 나라를 돌볼 여유조차 보이지 않은 것이 사실이라고 할 수 있다. 그 결과는 강대국에 대한 불신으로 이어지지 않을 수 없고, 결국 강대국이라고 해야 허울만의 것에 그침으로써 각국은 실리위주의 처신을 하거나, 새로운 국제질서가 구축될 공산이 클 것을 예측할 수 있을 것 같다.

2. 코비드-19라는 대재앙이 주는 교훈

코비드-19의 세계적인 확산으로 이미 2,500만 명을 넘는 대량 감염과 그로 인한 약 85만 명을 넘는 사망자를 배출하고도 그 팬데믹 현상은 아직 꼬리를 보이지 않음은 물론 2차 파도가 몰려오는 기미조차 보인다. 세계 각국에서는 코비드-19의 자국 내 확산을 차단하기 위하여 정도의 차이는 있더라도 '사회적 거리두기'와 다중의 집회를 금하고 국경을 통제함으로써 외국인의 입국을 제한함은 물론, 상품교역을 제한하는 등의 시책을 시행한 결과, 사람들의 외출이 현저히 감소하고, 자동차의 운행 또한 눈에 띄게 줄었음은 물론, 민간항공기의 운항이 현저히 줄고, 각종 공장의 가동이나 관광산업(觀光産業) 또한 우려할 정도로 제한된 상태에 놓이게 되었다.

그 결과, 위에서 소개한 바와 같이 대기의 질이 현저히 좋아지고, 거리와 도시 주변의 산야(山野)가 사람과 각종 운송수단이나 건설작업으로 인한 번잡과 소음으로부터 어느 정도 벗어나게 됨으로써, 야생동물이 되돌아오고, 거리에서 새소리를 들을 수 있게 되는 등 적지 않은 긍정적인 반사적 효과도 나타나고 있음은 그나마 다행한 일이라 하지 않을 수 없다.

특히, 관심을 끄는 것은 뉴질랜드(New Zealand)의 사례이다. 뉴질랜드는 남반부, 특히 남극대륙 가까이에 위치한 조그마한 나라로 축산업이 주업(主業)이다. 저자가 1998년 4월에 그곳을 방문하여 이곳저곳을 돌아다니면서 느낀 것은 "지구에서 이상적인 곳을 말하라고 한다면 나는 주저할 것 없이 이곳을 꼽겠다."라고 할 정도로 평화롭고 정이 가는 곳이었다. 그곳에 다녀온 많은 사람이 너무 한적한 곳이라고 하여 별로 선호하지 않았지만, 저자로서는 세계의 그 어느 곳보다도 정이 가는 곳이었다. 국토 면적은 우리의 남북한을 합친 것보다 약간 넓은 약 26만㎢이지만 인구는 약 482만 명으로 그 가운데 약 70%는 백인이고 나머지 약 30%는 원주민인 마오리족이며, 남섬에는 연중 눈에 덮인 높은 산을 비롯한 산지(山地)가 많으나, 북섬은 비교적 평탄한 편이다. 뉴질랜드는 축산업을 주업으로 하는 만큼 그곳 사람들은 여기에서 소수족에 속하며 소가 약 6,000만 마리로 가장 많고 다음으로 양이 약 800만 마리이며, 약간의 사슴목장(deer garden)이 있어 육용 사슴(venison)을 기른다. 그렇기 때문에 그곳 경작지의 대부분은 목축용 사료를 생산하는 데 쓰인다. 뉴질랜드에는 인구가 적기 때문에 공공 운송 수단은 빈약한 편이고, 개인용 자동차도 인구가 적다 보니 전국적으로 한산한 편이며, 공장이 별로 없기 때문에 공기는 매우 청정하다. 뉴질랜드 정부는 지난 6월 8일 코비드-19의 감염자가 0인 청정국가임을 선언하였다. 물론, 뉴질랜드도 1,504명의 감염자와 그 가운데 22명의 사망자를 내는 악몽을 겪었지만, 100일 만에 세계에서 가장 먼저 코비드-19 청정지역임을 발표하는 기쁨을 맞았다. 그러나 그러한 기쁨이 결코 쉽게 얻어진 것이 아님은 분명하다. 뉴질랜드는 사람들만의 탐욕스러운 삶의 터전이 아니고, 자연의 생태계를 보전함으로써 그 속에서 자연과 더불어 평화롭게 생활이 이루어지고 있는 공동의 생활공간인 셈이다. 그곳에서는 인간의 경제적 번영을 위한 대규모 개발 사업이나 공업화를 촉진하기 위한 공업단지의 건설과 가동 등은 찾아보기 힘들다. 사람의 행복한 삶을 평화로우면서 소박한 자연 속에서 전체 생태계와 조화를 유지해 나가는 가운데에서 찾는 것 같고, 그 것이 바로 우리 인간이 마땅히 가야 할 길로 보인다.

'공'이라는 우주의 법칙에 비추어 볼 때, 인간은 다른 생물보다 뛰어난 존재도 아니고, 다른 '것'들이 인간을 위하여 존재하는 것도 아니다. 그뿐만 아니라 이 지구라는 태양계의 작은 행성은 인간의 편익을 위하여 존재하는 것이 아님은 물론, 이 지구에서 생명을 누리고 있는 모든 생물의 생활을 위한 터전이다. 노르웨이의 석학 아르네 내쓰(Arne Naess)가 말한 것처럼 "지구는 사람의 것이 아니다." 이치가 이러함에도 불구하고 근거도 없는 인간우월주의(superiority of the human beings) 내지 인간 중심적(anthropocentric) 관념에 사로잡혀 지구를 개발의 대상으로, 지구상의 모든 '것'은 오로지 인간을 위한 것으로 착각함으로써, 끝을 모르는 인간의 탐욕을 충족하기 위하여 지구를 마구 파헤침은 물론, 다른 생물의 평화로운 삶은 도외시한 것이 인간이 걸어온 자취라고 해도 과언이 아니다. 그렇다보니, 사람을 비롯한 모든 '것'의 상호의존관계는 찾아보기 힘들게 되었다. 일찍이 슈바이처 박사(Albert Schweitzer, MD.)는 강조하기를 "우리가 모든 생명 있는 '것'에 자비(慈悲: compassion)를 베풀 때까지는 우리는 평화를 찾을 수 없을 것이다."라고 말한 것이 생각난다.

이쯤에서 이른바, 생태계(生態界)의 기본 법칙이라고 할 수 있는 세렝게티 법칙(Serengeti rules)에 관하여 간단히 언급할 필요가 있을 것 같다. 지구상의 모든 존재는 작게는 사람이나 동물의 몸을 구성하고 있는 분자(molecule)와 세포(cell)의 종류와 수량에서부터 크게는 생물의 개체수(個體數)와 양식(糧食)에 이르기까지 눈에 보이지 않는 엄격한 규칙의 지배를 받고 있다는 것이다. 캐롤 박사(Sean Carroll)는 "왜 지구는 푸른(green)가? 왜 동물들은 먹이를 모두 먹어 치우지 않는가? 어느 곳에서 특정한 동물이 모두 없어지면 무슨 일이 생기는가? 이러한 질문은 마치 몸 안에 있는 종류별 분자와 세포의 수를 규율하는 분자 규칙이 있듯이, 일정한 장소의 식물과 동물의 종류와 수량을 규제하는 생태계의 규칙이 있음을 알게 할 것이다."[49]라고 단언하였는데, 바로 우주에 존재하는 모든 '것'의 상호의존관계를 실현시키기 위한 구체적인 자연의 법칙을 천명한 것이라고 할 수 있다.

---

49 Carroll, The Serengeti Rules, 2016, p. 7.

제3절 코비드-19를 바짝 뒤쫓고 있는 암운(暗雲)

코비드-19가 아직도 기승을 부리고 있는 상황에서 엎친 데 덮친 격으로 지난 5월 25일 미국 미네소타주 미니애폴리스(Minneapolis, Minnesota)에서 경찰의 과잉진압으로 인한 흑인 조지 플로이드(George Floyd)의 사망사건이 계기가 되어 벌어진 전국적인 규탄시위와 그에 편승한 약탈, 방화, 총격 등 폭동으로 한때 거의 전국적인 무질서 상태가 계속되었다. 지난 6월 23일에는 비교적 안전한 관광지로 널리 알려진 멕시코의 남부 해안 도시 오악사카주 크루제스타의 남부에서 진도 7.4라는 큰 규모의 지진이 일어났는가 하면, 동토(凍土)의 땅으로 알려진 시베리아의 6월 기온이 135년 만에 섭씨 40도에 육박하는 이상기온 현상이 나타나고 있다고 한다.

어디 그뿐인가? 중국에서는 자주 있는 일이기는 하지만, 지난 5월 2일부터 6월 3일까지 1개월 사이 매일 폭우경보가 발령되고, 1개월 반 이상 계속된 폭우로 인한 중국 남부지방의 큰 홍수로 약 6,000만 명의 수재민이 발생함은 물론, 세계에서 제일 큰 담수 댐으로 알려진 파양호의 붕괴위험까지 걱정하고 있을 뿐만 아니라, 세계에서 제일 크다는 싼샤(三峽) 댐은 사상 최고 수위에 올랐다고 한다. 그 결과, 양자강(揚子江) 하류나 호수 곳곳의 둑을 터트려 미리 물을 저지대로 빼돌리고 있으나, 그것은 그것대로 저지대 사람들의 원성의 대상이 되고 있다고 한다. 더욱이 중국 후베이(湖北)성 언스(恩施)현에서는 큰 산사태로 폭 40m인 양쯔강(揚子江) 지류의 물길이 완전히 막혀 새로운 호수로 생겨난 언색호(堰塞湖)가 범람상태라니 안타까운 일이 아닐 수 없다. 이는 앞에서 본 바와 같은 대재앙이 보여준 교훈에도 불구하고, 사람들은 오랜 타성(惰性: mannerism)에 젖어 사안의 심각성을 인식하지 못하거나, 사고(思考)의 근본적인 전환에 대한 두려움으로 말미암아 결국 '다람쥐 쳇바퀴 돌 듯' 되풀이 할 뿐인 인간들의 작태에 대한 경종이라고 할만하다.

지금 참으로 심각한 일은 가을을 눈앞에 둔 상태에서 트윈데믹(twindemic)의 우려다. 가을은 바로 바이러스(virus)가 생존하면서 활동하기에 유리한 조건을 갖춘 계절이다. 가을철에는 일교차가 커서 사람의 면역력(免疫力)이 떨어져 감염에 취약할 뿐만 아니라 추석을 전후한 대규모 인원 이동이 예견(豫見)되어 코비드-19의 대규모 유행을 피하기 어려울 것 같다. 그에 더하여 독감(毒感)이 유행하는 계절이어서, 독감과 코비드-19가 함께 유행하는 이른바 트윈데믹이 올 위험이 크다는 것을 경계하지 않을 수 없는 상황이기 때문이다. 한 지역에서 감염병이 확산하는 중에 또 다른 감염병이 퍼지는 것을 이중풍토병(double endemic) 또는 쌍둥이데믹(twindemic)이라 한다. 트윈데믹이 발생하면 당연히 코비드-19와 독감 환자가 뒤섞이거나 두 바이러스에 동시에 감염되는 사례도 생길 수 있어 의료계에 과부하가 걸려 의료대란(醫療大亂)이 초래될 위험이 없지 않다. 특히 가을과 겨울은 기온이 내려가면서 건조한 시기이다. 건조한 시기에는 비말(飛沫)이 작아 멀리 퍼지고 공기 중에 더 오래 떠 있기 때문에 감염의 위험도 그만큼 더한 셈이다. 문자 그대로 엎친 데 덮친 격이라 하지 않을 수 없다.

1. 자연재앙의 엄습

그동안에 인간이 겪은 각종 비극적인 재난은 이른바, 천재(天災)와 인재(人災)가 뒤섞인 것이었다고 할 수 있다. 그러나 근래 나타나고 있는 인간의 삶을 위협하는 재앙은 주로 인간에 의하여 조성(造成)된 자연재앙에 속하는 것이라는 점에서 특히 심각한 위협이 되고 있다. 역사적으로 볼 때, 지구에 생명이 나타난 이후, 지구에서는 크게 보아 다섯 차례에 걸친 생명체의 대멸종(大滅種)이 일어났다고 한다. 생물의 70% 내지 90%를 멸종시킨 주된 원인은 운석(隕石)의 충돌, 기온의 급변, 산소의 결핍, 메탄과 유황의 대량 분출, 화산폭발에 따른 산성비 따위로 추정되고 있다. 그러므로 그 재앙들은 모두 자연재앙에 속하는 것이어서, 인간의 힘이 그에 가세(加勢)하였다거나, 인간이 예방할 수 있는 성질의 것이 아니었음이 분명한 일이다.

그러나 근래에 나타나고 있는 심각한 재앙은 인간이 원인을 제공하였거나, 아니면 적어도 그 원인조성에 인간이 크게 가세한 것이 사실이라는 데에 차이점을 엿볼 수 있다.

1) 해양오염

먼저 생각할 수 있는 것은 해양오염(海洋汚染)이다. 바다는 지구 표면의 70%를 차지하고 있을 뿐만 아니라, 인간이 필요로 하는 산소(Oxygen)의 70%를 생산하고, 어류와 해조류 등 인간에게 식량자원의 공급처가 되고 있다. 그처럼 소중한 바다가 매우 빠른 속도로 오염되고, 남획으로 인한 어류자원의 고갈이 가속화되며, 일부 어종은 이미 멸종되었거나 멸종위기에 놓여있다. 해양오염은 주로 플라스틱 폐기물을 비롯하여 각종 산업체에서 흘러나오는 독성물질(毒性物質: toxic chemical)과 원자력 폐기물을 비롯하여 기름유출 및 수은 건전지 등에 의한 것으로 알려져 있다.

근년에 바다에는 지도에도 없는 4, 5개의 큰 섬이 나타났다. 하와이와 미 대륙 사이의 태평양에 한국 면적의 약 10배 정도가 되는 섬, 이른바 플라스틱 섬(plastic island)이 생겨났다. 약 20년 된 그 섬은 인간이 버린 쓰레기로 이루어진 것인데, 그 가운데 90%를 차지하는 것이 플라스틱이라고 한다. 남북미 대륙과 중국을 비롯한 아시아권에서 버려진 폐기물이 바다의 환류(還流)를 타고 돌다가 한곳으로 모여 섬을 이룬 것이다.

남태평양의 헨더슨 아일랜드(Henderson island)도 비슷한 경우이다. 남미와 오세아니아(Oceania)의 연안 국가 및 아시아에서 배출된 폐플라스틱이 환류를 타고 돌다가 한곳에 모인 것이다.

한편, 러시아와 스칸디나비아 및 독일과 영국 등지에서 버려진 폐플라스틱 등 폐기물은 북극해로 유입되어 빙하와 만나 그 속에 갇혔다가, 온난화로 인하여 빙하가 녹으면서 바다 위로 모습을 드러냄으로써 결국 또 다른 플라스틱 섬을 만들게 될 것이다.

우리는 잊을 만하면 한 번씩 해외토픽을 통하여 수많은 비닐 팩을 먹고 죽은 고래나, 장이 플라스틱 뭉치로 꽉 찬 해표(海豹)를 비롯하여 죽은 물고기와 조류의 사체에서 많은 양의 플라스틱이 나온 사진을 보면서 끔찍하고 안타깝게 느낀 적이 한두 차례가 아니다. 문제는 우리는 해산물을 통하여 상당량의 미세 플라스틱을 섭취하게 되었고, 해수면 온도의 급격한 상승으로 거대태풍(巨大颱風)의 빈도와 폭우가 잦아지는가 하면, 지역적으로 심한 한발(旱魃)로 농사를 지을 수 없게 된 곳이 늘어나고 있다. 인간은 바다를 떠나서는 생각조차 할 수 없는 존재임을 우리는 잘 안다. 왜냐하면, 사람은 바다에서 생겨나 생명의 진화과정을 되풀이하며 삶의 과정을 이어가기 때문이다. 그뿐만 아니라, 해양오염은 지구환경 오염에 매우 큰 비중을 차지한다는 점을 유의하지 않을 수 없다.

2) 지구 온난화

한편, 지난 6월 21자 워싱턴포스트(WP)에 의하면 러시아 시베리아의 동토(凍土)로 알려진 극동지역 아쿠티야공화국 베르호얀스크의 6월 20일 최고기온이 1885년 이래 가장 높은 섭씨 38도를 기록했다고 한다. 이 마을은 겨울 최저기온이 섭씨 영하 40도 정도까지 내려가는 것으로 이름난 곳이다. 전문가들은 이러한 이상 기후 현상을 따뜻했던 지난겨울의 여파로 보는가 하면, 지난 겨울 동안 북극진동(北極震動: arctic oscillation)이 강하게 유지되면서 북극의 한기(寒氣)가 극지방에 갇히는 현상이 나타난 것으로 보는 것 같다. 그러나 기술적으로 어찌 되었든, 지금 지구촌은 기후재앙에 시달리고 있다. 우선, 유럽에서는 폭염과 가뭄으로 곳곳에 비상사태가 선포되었다고 한다. 그 가운데에서도 스페인 북부지역은 기상관측 이래 최고치인 섭씨 42도까지 올라갔고, 영국 런던도 섭씨 38도를 기록하였으며, 이탈리아와 프랑스에서는 연일 폭염경보가 내리고 있다고 한다. 폭염에 몇 달째 가뭄까지 이어지면서 농작물은 말라죽어가고 있어. 유럽연합은 금년의 농작물 수확량이 평소 절반밖에 되지 않을 것으로 우려하고 있다.

한편, 아시아지역은 폭우와 폭풍으로 몸살을 앓고 있는데 중국 남부지역은 두 달째 이어지는 홍수로 6,000만 명 이상의 수재민이 발생하였고, 인도, 네팔, 파키스탄과 방글라데

시 역시 폭우로 수 100만 명이 집을 잃었다고 한다.

기상전문가들은 이 같은 기상 이변이 지구온난화에 따른 것으로 보는 데에 이견이 없는 것 같다.

독일 포츠담 기후영향연구소는 2018년 연구보고서에서 "지구 평균기온이 섭씨 2도 상승을 넘어서면 이산화탄소의 배출량을 대폭 줄여도 인류가 '온실지구'를 통제하는 것이 불가능해진다."라고 발표하였고, 같은 해에 16명의 기후과학자는 "'인류세 시대의 지구 시스템 궤도'에 의하면 2031~2080년의 폭염초과 사망률이 지역별로 최고 20배에 이를 것이다."라고 확언한 것은 매우 놀라운 일이라고 아니 할 수 없다. 한편, 기상청의 우리나라 기후통계에 의하면, 최근 30년간 기온은 20세기 초(1912-1941)보다 섭씨 1.4도 상승하였으며, 전 지구의 평균보다 2배 정도 높은 정말로 엄청난 기온상승 속도라고 지적하였음을 기억한다. 위에서 지적하였듯이, 이 지구에서 인류가 살아남기 위해서는 앞으로 1, 20년 안에 무슨 수를 써서라고 이산화탄소 배출량을 50% 이상 줄여야 함을 명심하여야 한다.

지난 7월 20일 BBS는 지구온난화와 관련된 비극적인 뉴스를 내보냈다. 북극곰에 대한 연구기관인 북극곰 인터내셔날

(Polar Bear International)의 수석과학자인 스티븐 앰스트럽(Stephen Amstrub)은 지구의 온난화가 촉진됨으로써 북극해의 바다 얼음이 녹아내려 얼음 위에서 먹잇감을 사냥하는 북극곰이 식량부족에 몰리고, 새끼를 낳아 기를 수 없게 되어 현재와 같이 지구온난화가 지속된다면 2100년에는 북극곰이 멸종하게 될 것이라는 연구 결과를 국제학술지에 게재하였다는 것이다.

3) 먼지구름과 메뚜기 떼

설상가상으로 사하라사막에서 발원한 먼지구름(dust cloud)과 아프리카에서 시작된 메뚜기 떼가 중앙아시아를 거쳐 인도까지 엄습하고 있어 코비드-19에 더하여 천식 등 호흡기 질환을 악화시키고, 메뚜기 떼는 남미의 곡창지대를 폐허로 만들고 있다는 것이다. 지난 6월 25일 CNN방송 등의 보도로는 아프리카 사하라사막에서 발생한 먼지구름이 금주 말경에는 미국의 텍사스, 루이지애나와 플로리다를 덮치고, 다음 주 중반 무렵까지는 미국의 북부지역까지 먼지구름의 영향권에 들 것이 예상된다고 한다. 푸에르토리코대학의 연구진은 CBS와의 대담에서 "밀도와 크기 면에서 50년 만에 찾아온 최악의 먼지구름"이라고 말했다. 한편, 브라질도 대규모 메뚜기 떼가 남부 곡창지대로 밀려오면서 비상 대응에 들어갔다. 파라과이와 아르헨티나의 접경지에서 시작된 메뚜기 떼는 거대한 구름을 형성한 채 브라질 남부지역으로 향하고 있어 수일 안에 남부지역을 덮칠 것으로 예상한다는 것이다. 메뚜기 떼는 이미 파라과이와 아르헨티나의 일부 지역에서 옥수수와 사탕수수 농가에 심각한 피해를 입힌 것으로 전해졌다.

2. 살아남을 길

인간이 이 지구에서 살아남을 길은 근본적인 대전환이다. 인간이 살아남기 위한 길과 그 방편을 우리는 알고 있으면서도, 현상 유지라는 타성에 젖어 자기는 뒤로 물러앉고 남이 앞장서서 해주기를 기대한다. 이러한 고식적(姑息的)인 사고나 미봉책으로 극복할 수 있는 성질의 재앙이 아님을 인식하고, 우리가 모두 사고의 대전환에 합류하여야 한다. 여기에 시급히 요구되는 방편을 몇 가지 제언(提言)하고자 한다.

1) 에너지원(源)의 근본적 개혁

지구온난화의 주범인 이산화탄소(CO_2)는 주로 발전(發電)을 비롯하여 각종 산업체 및 비행기, 자동차, 선박과 같은 운송 수단의 동력(動力)을 얻기 위하여 석유류, 석탄류와 천연가스와 같은 화석연료(化石燃料: fossil fuel)를 연소(燃燒)시키는 과정에서 배출된다. 세계적인 공업화의 촉진과 자동차산업의 발전 및 전력수요의 증가에 대응하여 화석연료의 사용이 급증함에 따라 각국에서의 이산화탄소 배출량은 상상을 초월하는 수준으로 증가함으로써 지구의 온난화 현상은 얼마 전에 타계한 스티븐 호킹 박사가 "지구온난화가 돌이킬 수 없는 '티핑 포인트'(tipping point)'에 도달하고 있다."라고 경고한 것은 아직도 우리의 기억에 생생하다. 지금 우리 앞에 놓인 길은 선택의 여지가 없는 외나무다리뿐이다. 인류의 파멸을 피하려면 이 다리를 건너야 한다. 아무리 화석연료의 사용에 대한 미련이 강하더라도, 아무리 강한 정치적인 필요가 밑받침하더라도, 아무리 이해관계의 충돌이 크더라도 우선 살아남기 위해서는 우리 앞에 놓인 외나무다리를 건너는 근본적 개혁의 길을 가지 않을 수 없다.

환경의 영향을 최소화하면서 그런대로 청정한 에너지를 확보할 수 있는 길은 현재로서는 원자력발전(原子力發電)을 웃도는 것이 없다. 물론, 태양의 핵융합(核融合)을 원용한 케이스타(K Star)와 같은 인공태양(人工太陽) 사업이 없는 것은 아니나, 그것은 아직 초보적인 실험단계를 크게 벗어나지 못하고 있는 것이 사실이다. 다행히도 '땅 위의 인공태양'으로 불리는 국제핵융합실험로(ITER)의 첫 장치조립이 지난 2020. 8.

28 프랑스 남부 카타라슈 현장에서 시작되었다. ITER은 마치 태양처럼 인공적으로 핵융합반응을 일으켜 전력을 생산하는 에너지 공학기술을 개발하고 실증하기 위한 장치인데, 우리나라를 비롯한 7개국이 2007년에 공동으로 ITER제작을 담당할 국제기구를 설립하여 79억 유로를 투입하여 국제적인 공동 연구를 진행하였으며 2025년에 완공할 예정으로 2040년까지 핵융합 관련 실험을 하게 된다고 하니 지구 온난화방지를 위한 극적인 조치에 시간적으로 늦지 않기를 바랄 뿐이다. 혹자는 원자력발전의 경우에 예상할 수 있는 방사능 배출의 위험성을 강조하지만, 적어도 현재의 기술 수준에 비추어 원자력발전 수준의 안전성을 지닌 발전방식은 찾아보기 어렵다는 것이 전문가들의 견해일 뿐만 아니라, 가장 경제적인 방법이기도 하다.

더욱이, 우리나라에서 UAE의 바라카에 수출한 한국형 원전(原電) APR1400은 2019년 5월 미국 원자력위원회(NRC)로부터 세계 최초의 안전성을 인증받기까지 하였음을 우리는 알고 있을 뿐만 아니라, 그것은 우리의 신고리 3호와 4호에 처음 적용하였던 한국의 독자적이고 세계적인 기술이기도 하다. 그러니 우리가 정할 것은 마음 하나일 뿐이다. 안전한 삶의 길인가, 아니면 파멸에의 길인가?

2) 폐기물의 본질적 감축

오늘날 지구는 인간이 만들어낸 각종 쓰레기더미라고 해도 과언이 아니다. 산업쓰레기와 생활쓰레기를 비롯하여 의료쓰레기 등 이루 헤아릴 수 없이 많은 쓰레기가 세계 각처에서 매일 쏟아져 나온다. 쓰레기는 분류되어 재활용되기도 하고, 도시난방 등 에너지원으로 활용되기도 하지만, 대부분은 지하에 매장하거나 바다에 투척함으로써 환경오염 주역의 하나가 되고 있다. 인간이 플라스틱을 만들어 사용하기 시작한 것은 약 70년에 불과하지만, 이제 그것이 없다면 일상생활에 불편이 이만저만이 아닐 것으로 짐작한다.

인체에 나쁜 영향을 주는 미세플라스틱에는 1차 미세플라스틱과 2차 미세플라스틱이 있어, 1차 미세플라스틱은 생산단계에서 미세한 알갱이로 만들어진 것으로, 화장품과 치약이나 비누 등에 첨가제로 사용하는 것들이다. 이에 대하여, 2차 미세플라스틱은 외부적인 힘의 작용으로 미세하게 부서진 플라스틱 조각을 말하는 것으로, 스티로폼 조각, 세탁할 때에 옷에서 떨어져 나온 인공섬유조각과 공사장이나 일상생활 등에서 생겨난 조각들이다. 지구온난화를 가져오는 이산화탄소가 지구환경 파괴의 대명사처럼 알려졌지만, 양적으로 보면 지구에서 생산되는 플라스틱은 결코 이산화탄소에 뒤지지 않는 심각한 물질이다. 빨대와 컵과 같은 일회용 생활용기의 사용을 금지하고 플라스틱 생산을 극적으로 제한하지 않는다면, 머지않아 지구는 플라스틱으로 인한 매우 심각한 환경문제에 봉착하게 될 것이 분명하다.

아프리카 돼지 열병이 만연하여 중국에서는 약 1억 마리의 돼지를 매장하였다는 뉴스가 전해진 것은 불과 2년 전의 일이다. 축산가구에 예측할 수 없는 손해를 끼치게 되는 가축의 감염병은 주로 사료에서 기인한다고 한다. 특히 사료비를 절감하기 위하여 사용하는 잔반(殘飯)의 사료화는 감염병의 큰 원인이 된다는 것이 전문가들의 소견이다. 사람이 먹고 남긴 음식[잔반]이 비위생적이라는 것은 구태여 설명할 필요가 없음은 물론, 인간의 중요한 식자재인 축산육(畜産肉)의 청정성 확보를 위해서라도 잔반의 사료화는 엄단할 일이다.

3) 해양환경에 대한 사고의 대전환

인간은 바다에서 그 생명이 시작되었다. 그래서인지, 우리의 피는 나트륨, 칼륨과 칼슘이 들어 있는 바닷물과 성분이 비슷하고, 우리의 뼈는 칼슘이 풍부했던 옛 바다의 흔적을 회상하기에 충분하다. 그러니 바다야말로 인간의 본원적(本源的) 모태(母胎)인 셈이다. 그렇게 소중한 바다의 표면은 이제 쓰레기가 넘쳐나 더럽기 짝이 없는 곳이 되었다. 해양쓰레기의 약 90%는 플라스틱이라고 한다. 북태평양의 아열대 환류를 중심으로 형성된 거대한 쓰레기 섬은 하나의 크기가 한반도의 몇 배에 이르며, 그러한 크기의 쓰레기 섬이 5, 6개에 이른다고 하니 끔찍하기 짝이 없는 일이다.

해양환경 오염의 문제는 지구온난화 문제를 능가하는 중요한 문제이다. 온전한 해양이 존재하지 않는다면 생물의 생존 자체가 어려워진다는 사실을 인식해야 하며, 그러한 측면에서 사람들은 바다에 대한 인식의 대전환을 서둘러야 한다. 바다 없는 인간은 있을 수 없지만, 인간 없는 바다는 존재를 계속함으로써 다른 생명을 유지시킬 수 있을 것이다.

제4장

어떻게 살 것인가?

이 집필에 착수한 지 반년 남짓하게 지났는데도 코비드-19의 위세는 크게 꺾일 조짐을 보이지 않고, 오히려 미국 등 일부 국가에서는 2차 파도가 밀려드는 상황을 보인다. 그나마 다행스러운 것은 사망률이 크게 높지 않다는 점이나, 전염력이 강하다는 점에서 사람들의 불안감은 여간이 아닌 것 같다. 그러니 '사회적 거리두기'와 국경통제 등 기본적인 방역 대책은 누그러들 수 없고, 사람들의 경각심(警覺心)도 마찬가지일 수밖에 없다.

이번 일을 계기로 근거도 없는 인간중심주의적인 사고(思考)에서 벗어나 자연과 뭇 생명의 연기법과 '공'의 원리를 돌아보며, 모든 생명의 공동의 생활 터전인 이 지구에서 서로의 의존관계를 유지하면서 뭇 생명이 공생(共生)하도록 반성하고 참회(懺悔)할 필요가 있을 것 같다. 위에서는 주로 인간이라는 집단이나 그들의 국가 차원에서의 문제를 다루어 보았으나, 근본적으로는 개개인의 관념과 처신의 문제가 바닥에 깔려 있는 것임에 비추어, 여기에서는 하나하나의 사람이 나아갈 길을 간단히 살펴보려고 한다.

1. 뭇 생명은 상호의존관계의 그물망

모든 생명 있는 '것'은 인연이 닿아 원자와 같은 극미인 자(極微因子)와 에너지(energy)가 결합하여 구성되어 존재를 유지하다가 변하고 마침내 원래의 상태로 되돌아가는 것임은 이미 현대과학에서 잘 알려져 있다. 그러므로 이처럼 생겨난 '것'들은 인연에 따라 생겨난 모습이 서로 다르고, 삶의 방식이 다르며, 기능에 각각 차이가 있을 뿐, 생명을 갖고 태어나 삶을 유지하며 변하다 결국 삶을 마치게 된다는 근본적인 점에서는 마찬가지이다. 여기에 큰 문제 중의 하나는 이들 '생명'들은 그 생명을 유지하기 위하여 육식(肉食), 초식(草食), 잡식(雜食)을 가릴 것 없이 무엇인가를 먹어야 한다는 일이다. 그런데 이들 생물이 살기 위하여 먹을 것은 각 생물 등이 스스로 만들어내는 것이 아니라, 외부적인 무엇인가에 의존하지 않을 수 없다는 점이다. 예컨대, 사람의 먹이는 주로 쌀이나 보리 또는 콩과 같은 식물의 열매, 소나 돼지 또는 생선과 같은 다른 생물의 고기에 의존하지 않을 수 없고, 쌀, 보리, 콩과 같은 식물은 그것을 땀 흘려 가꾸고 수확한 농부는 물론 그 열매를 가공하고 유통시켜 우리의 식탁에 오르기까지 수많은 이의 노력과 소나 돼지를 기르고 바다에서 수많은 위험을 무릅쓰고 고기를 잡아 우리 부엌의 조리대에 올라오게 한 수많은 이의 노력 없이 자급한다는 것은 기대할 수조차 없는 일이다. 거기에 더 근본적으로 벼나 콩과 보리 같은 식물 또는 소, 돼지 또는 생선과 같은 동식물(動植物)의 희생 내지 도움 없이 사람이 생명을 유지한다는 것은 애초에 생각조차 할 수 없는 일이다.

그러나 그것이 어디 사람만의 일이겠는가? 모든 동물은 코끼리, 들소, 얼룩말이나 기린들과 같이 일정한 풀의 싹이나 나뭇잎을 뜯어먹고 살거나, 아니면 사자나 표범 또는 하이에나나 악어 등과 같이 다른 동물을 먹이로 삼는 이른바, 약육강식(弱肉强食)이 지배하는 상태도 광범위하게 유지되고 있다. 여기에서 특히 눈에 띄는 것은 사람 이외의 다른 동물의 경우, 특히 약육강식이 지배하는 동물의 생태에서는 배가 비면 그 빈 배를 채울 수 있는 정도만 잡아먹고, 배가 차면 버리고 감으로써 다른 것이 먹도록 하거나, 표범처럼 나무 위와 같이 다른 동물의 접근이 어려운 곳에 저장하였다가 다시 먹는 정도임을 알 수 있을 뿐이다. 사람의 경우처럼 한 달이나 일 년, 아니 일생도 모자라 자식 대나 손자 대의 먹을거리까지 미리 챙기는 동물은 찾아볼 수 없다. 오직 사람만이 탐욕(貪欲)에 불타 만족을 모르고 오로지 개발하고, 만들고, 뺏고를 거듭함으로써 상호의존관계의 틀을 무너트리는 것을 예사로 자행(恣行)한다. 먹는 것도 마찬가지다. 먹이를 먹는 것은 삶을 유지하기 위하여 필요한 성분을 음식을 통하여 섭취하려는 것이다. 그런데도 사람들 가운데에는 몸에 좋다면 무엇이나 즐기고 좋아할 만한 것이라면 뱀, 지렁이, 들쥐, 박쥐나 상어지느러미를 가릴 것 없이 마구 챙겨 먹는다. 사람이야말로 크게는 우주의, 작게는 지구의 기본 법칙인 상호의존관계의 틀을 무너트리는 대표적인 존재인 셈이다. 위에서 밝혔듯이, 이 세상의 모든 '것'은 어느 하나 예외 없이 모두 "'공'에서 와서 '공'으로 돌아가는 것이고, 사람이라고 하여 결코 그 예외가 될 수는 없다. 아무리 탐욕스럽게 긁어모아도 공수래(空手來)공수거(空手去)다. 빈주먹 쥐고 태어났다가 두 손을 활짝 편 채 이 세상을 뜨는 것이다.

그러니, 위에서 설명한 바와 같이 욕심을 줄이고 만족할 줄 알며[少欲知足], 스스로도 이롭고 남도 이롭게[自利利他]하는 삶이 되도록 모두가 마음을 다잡아야 할 일이다.

1) 소욕지족(少欲知足)

욕심을 줄이고 만족할 줄 안다[少欲知足]고 할 때의 욕심이란 무엇을 탐내고 누리고자 하는 마음의 작용을 말한다. 사람은 흔히 오욕(五欲)에 매어 산다고 한다. 오욕이란 색욕(色欲),

재욕(財欲), 명예욕(名譽欲), 식욕(食欲)과 수면욕(睡眠欲)의 다섯 가지를 가리킨다. 욕심을 경계하는 것은 욕심은 일반적으로 탐욕성(貪欲性)을 띤다는 점 때문이다. 탐욕은 자기의 처지나 조건 등을 고려하지 않고 맹목적으로 자기가 추구하는 욕심에 집착함으로써 만족할 줄을 모르는 데에 문제가 있다. 오죽하면 "너무 많지만, 절대 충분치 않다."(too much but never enough)라는 말이 공공연하게 쓰이겠는가? 그렇기 때문에 불가(佛家)에서는 물론, 모든 종교에서는 욕심을 금기(禁忌: taboo)의 대상으로 여기는 것이다.

아무 탈 없이 하루를 넘기고 저녁에 편히 잠자리에 들 수 있는 것만 해도 여간 복된 일이 아니다. 어디 그뿐인가? 자손들이 아무 탈 없이 그들의 일에 충실함으로써 큰 걱정거리가 되지 않는 것도 퍽 다행한 일이 아닐 수 없다. 이러한 일상적이고 사소한 일들이 모두 만족거리임을 마음으로 깨달아야 한다. 흔히, 만족을 큰 것에서만 구하기 때문에 만족에 인색해지지만, 만족에는 크고 작은 차이가 없고, 오로지 그것을 마음에서 어떻게 받아들이는지에 차이가 있을 뿐이다. 특히, 만족함을 안다(知足)는 것은 앞에서 본 욕심을 줄이는 것(少欲)과 표리(表裏)의 관계에 있는 것이라고 해도 과언이 아니다. 곧, 욕심이 많으면 만족하기가 쉽지 않지만, 욕심이 적으면 그만큼 만족하기가 쉬울 것이기 때문이다.

욕심은 오직 마음의 작용일 뿐이다. 어느 정도로 그의 뜻이 충족되면 만족할 것인지에 대해서 시사하는 기준은 아무것도 없다. 오직 마음으로 만족스럽게 느끼면 그것으로 족한것이다. 그래서 만족은 오직 마음의 작용일 뿐이라고 하는 것이고, 마음이 어느 정도 여유로운지, 마음이 얼마나 욕심으로부터 자유로운지 등에 따라 만족의 정도가 좌우될 뿐이다.

2) 자리이타(自利利他)
자리(自利: self regard)란 자기 자신의 이로움을 위하여 수행하는 것을 말하고, 이타(利他: altruism)는 다른 사람의 이익을 도모하기 위하여 행동하는 것을 가리킨다. 원래 자리이타라는 용어는 대승불교권(大乘佛敎圈)에서 이른바 보살(菩薩)이 닦는 행과(行果)를 말한다. 그러니 자리이타는 불자(佛子)에 한하여 요구되는 것이 아니라, 이 세상에서 삶을 누리고 있는 모든 사람에게 요구되는 마음가짐이요, 일상생활의 덕목(德目)이라고 할 수 있다.

이 세상에서 삶을 누리고 있는 모든 생명은 서로 도우면서 살아가는 것이지, 홀로는 살 수 없다. 그것은 개개의 생명

체뿐만 아니라 종족(種族) 사이에서도 마찬가지다. 더욱이, 이 세상에 있는 '것'들은 위에서 살펴본 바와 같이 모두 상호의 존관계에 있기 때문에, 자신을 위해서라도 언제나 이타와 함께 하지 않을 수 없음을 자각하여야 한다. 지금 인간이 당면하고 있는 갖가지 위험 요소들, 곧 지구온난화와 해양오염을 비롯한 각종 재앙은 모두 현세인류인 호모 사피엔스(Homo Sapience)가 저지른 이타를 외면하고 자기의 이익을 중심으로 치달은 과오가 빚어낸 결과라고 할 수 있다. 그렇다면, 우리 인간은 조금이라도 빨리 현실과 과오를 직시함으로써 잊었던 이타의 길에 되돌아설 수 있어야 한다.

2. 여덟 가지 바른 길

여덟 가지 바른길(八正道: eight right paths)이란 붓다께서 6년의 고행 끝에 스스로 깨치시어 붓다가 되신 뒤, 지난날 도반(道伴)이던 다섯 비구에게 처음으로 하신 설법인 이른바, 초전법륜(初轉法輪)에서 가르치신 네 가지 거룩한 진리[四聖諦: four noble truths] 가운데 마지막 부분, 곧 괴로움이 사라지는 길의 거룩한 진리[苦滅道聖諦]의 내용을 다루는 부분을 가리킨다. 여기에서 분명히 할 것은, 붓다께서 45년에 걸쳐 펴신 수많은 가르침은 모두 직접, 간접으로 팔정도와 관련되어 있다는 점이며, 팔정도는 우리의 일상생활에 있어 그만큼 중요한 의미를 가지는 것임을 알아야 한다. 더욱이, 붓다께서는 그의 가르침을 받는 사람들에게 기회 있을 때마다 이르시되, "나의 가르침이 붓다의 가르침이라고 해서, 존경하는 사람의 말이라고 해서 받아들이지 말고, 나의 가르침을 스스로 믿고 이해하며 증험(證驗)함으로써 행하여야 한다."라고 강조하셨음을 깊이 새겨야 할 일이다.

앞으로 설명할 여덟 가지 바른길은 순서대로 하나하나 단계적으로 익히고 닦아야 한다고 생각하기 쉬우나, 그것은 잘못된 생각이다. 여덟 가지 바른길은 가능하면 모두를 동시적으로 익히고 실행에 옮겨야 한다. 왜냐하면, 팔정도의 내용은 모두가 서로 연관되어 있을 뿐만 아니라, 각 덕목(德目)은 서로 서로가 그 실행을 돕는 입장에 있기 때문이다. 팔정도는 크게 세 부분으로 나누어 볼 수 있는데, 윤리적 요구, 지혜적 요구와 의지적 요구가 그것이다. 먼저, 바른 말[正語], 바른 행위[正業]와 바른 생활[正命]은 다분히 윤리적 규범으로서의 의미가 강하다. 그에 비하여, 바른 소견[正見]과 바른 생각[正思惟]은 지혜의 범주에 속한다고 할 수 있다. 그런가 하면, 바른 방편[正方便], 바른 선정[正定]과 바른 마음 챙김[正念]은 의지적 측면

이 강하게 요구된다. 그러나 앞에서도 설명한 바와 같이 이들 팔정도의 내용은 그 직접 성격과 관계없이 서로 연관되어 전체로서 하나의 목표, 곧 괴로움의 사라짐을 실현시킨다는 목표로 이끌어주는 구실을 한다. 그뿐만 아니라, 이들 여덟 가지 바른길은 이 세상의 뭇 생명과의 상호의존관계를 원만하게 유지하게 하는 기본요소로 작용함을 부인할 수 없다는 큰 의미를 지니고 있다. 이에 팔정도의 내용을 간단히 설명하고자 한다.

1) 바른 소견

바른 소견[正見: right view]을 한마디로 말한다면 올바르고 건전한 견해라고 할 수 있지만, 그것은 매우 깊은 뜻을 안고 있는 개념이다. 여기에서 바른 소견이란 아상(我相)을 떠난 소견으로, 모든 존재에 대한 자비심과 뭇 생명을 아끼고 기르는 마음을 바탕에 깔고, 실상을 있는 그대로 볼 수 있는 마음의 상태를 가리킨다고 할 수 있다. 우리의 소견은 사물에 대한 인식에서 우러나는 것이 보통인데, 사람들은 있는 그대로를 바르게 인식하지 못하고, 자기의 의식 속에 담긴 분별심(分別心)과 관념을 바탕으로 나름대로 인식을 하므로 그 인식은 허망하기 마련이다. 세상의 모든 '것'이란 인연이 닿아 여러 인자가 모여 생겨남으로써 그 존재를 유지하면서 변하여 마침내 본래의 상태로 되돌아가는 것에 지나지 않기 때문에 그 어느 '것' 하나 본래부터 그 자체로서 실체성(實體性)을 지니는 것은 없고, 영원히 존재할 수 있는 것도 없음을 분명히 알아야 한다.

사람들은 감각기관을 통하여 바깥 경계와 접촉함으로써 그 존재를 인식하므로 언제나 자기가 배운 지식이나 경험 및 취향 등을 기준으로 각색(脚色)된 상태의 것을 인식하기 때문에, 그것은 사물을 있는 그대로 보는 것이 아니라, '나'라는 거울을 통해서 보고 생각하는 것이다. 괴로움이나 행복에 대한 견해도 마찬가지이다. 사람들은 괴로움은 마치 자기 혼자만 겪고 있는 것으로 생각하여 깊은 고민에 빠지는가 하면, 행복의 척도도 사람마다 다르다. 바른 소견을 갖는다는 것이 얼마나 중요한 것인지, 또 그것이 얼마나 어려운 일인지를 실감하게 한다. 우리는 누구나 바른 소견의 씨앗을 간직하고 있다. 흔히 불성(佛性: Buddha nature)이라고 하는 것이 그것이다. 다만, 바른 소견의 씨앗이 삼독(三毒), 곧 탐욕, 성냄과 어리석음에 가려 보이지 않을 뿐이다. 바른 소견이 눈을 틔우지 못 하게 하는 장애만 없애면 되는데, 그 일이 그리 쉬운 일이 아니다. 그래서 확신을 가지고 바른 방편, 곧 바르게 정진(精進)할 것을 요구하는 것이다.

2) 바른 생각

바른 생각(正思惟: right thinking)이란 모든 사상(事象)을 각색함이 없이 있는 그대로 바로 보고 생각하는 것을 말한다. 우리가 바른 소견을 갖기 위해서는 무엇보다도 먼저 바른 생각을 하여야 한다. 왜냐하면, 소견 또는 견해는 생각을 통해서 이루어지기 때문이다. 그러나 바르게 생각하기 위해서는 바른 소견을 갖고 그에 밑받침된 사유를 하여야 한다. 결국, 바른 소견과 바른 생각은 상보관계(相補關係)에 있는 것임을 알 수 있다. 그 뿐만 아니라, 생각은 행동을 유발하기 때문에, 바른 사유는 뒤에 볼 바른 행위를 위해서도 불가피하게 요구되는 것이다.

생각 또는 사유는 소견을 구성하는 과정인 경우가 많다. 그런데, 과정은 단순히 과정에 그치는 것이 아니라, 그 과정을 거쳐 이루어지는 결과에 직접 영향을 미치게 된다. 그렇기 때문에 과정의 중요성을 강조하는 것이다. 생각은 그 대상인 일이나 존재에 대한 인식을 수반하는 것이 보통인데, 이들에 대하여 바르게 인식한다는 것이 여간 어려운 일이 아니다. 우리는 종종 어떤 한 가지 생각을 하면서 몸은 다른 일을 하고 있다거나, 무엇인가를 보되 기존의 관념을 통해서 분별하여 보는 것이 예사이다. 그 결과, 당연히 옳지 않은 생각이 자리를 잡고, 바르지 않은 소견으로 이어지게 된다. 데카르트(Rene

Descartes)는 "나는 생각한다. 그러므로 나는 존재한다."(cogito ergo sum)라는 유명한 말을 남겼지만, 그것은 인간은 사유라는 사실을 통해서 우리의 존재를 입증할 수 있다는 것이다. 그러나 실은 무관심한 일상적인 생각이 우리를 좀먹고 있다는 사실을 알아야 한다. 마음과 몸이 하나가 되지 않는 한, 우리는 미망(迷妄) 속에서 방황하고, 결국 참으로 살아 있다고 보기 어려운 것이다. 바른 사유는 마음과 몸이 하나 되어 현재 이 순간을 제대로 인식할 때에 비로소 싹이 트는 것이다. 그러나 우리의 현실은 그와 거리가 먼 경우가 많다. 통계에 의하면, 우리가 일상적으로 하는 생각의 약 70%는 지난 과거에 관한 것이고, 약 20%는 아직 오지 않은 미래에 관한 것이며, 오직 약 10% 정도만이 현재의 생각이라고 한다. 우리가 필요 없는 생각을 얼마나 많이 하고 있는지를 극명하게 보여주고 있다. 과거의 일은 이미 지나간 옛일로서 돌이킬 수 없고, 미래의 일은 아직 오지도 않은 추상적인 환상이며, 오직 현재, 이 순간만이 있을 뿐이고, 사유의 대상으로 삼을 만한 것이다. 하버드대학 전 교수이며 미국에서 정신적 지도자(Guru)로 칭송받는 람 다스(Ram Dass)[50]가 "지금 여기 있으라."(Be Here Now)라고 강조한 말이 생각난다.

---

50 원명(原名)은 Richard Alpert 박사이다.

3) 바른 말

바른말(正語: right speech)이란 친절하고 개방적이며 진실한 말이다. 사람은 말을 하지 않고는 하루도 지내기 어렵다. 사람은 사회적 동물이라고 말하는데, 그것은 사람이 다른 사람과 서로 어울려 산다는 뜻이다. 그런데, 다른 사람과 어울려 살기 위해서는 서로의 의사를 전달하는 수단으로 말을 하지 않을 수 없다. 흔히 말은 마음의 거울이라고 말하는 것은 말을 통해서 그 사람의 생각을 알 수 있기 때문이다. 그러므로 바른말을 하려면 바른 사유가 전제되는 것임을 알아야 한다.

바른말은 기본적으로는 입으로 짓는 네 가지 행(行)을 바르게 하는 것으로서, 그것은 십선(十善) 가운데 네 가지이다. 거짓말[妄語], 이간질하는 말[兩舌], 꾸밈말[綺語]과 나쁜 말[惡語]은 모두 그러한 말을 하는 본인에게는 악업(惡業)으로 작용하지만, 그에 그치지 않고 그 말의 상대방이나 그러한 말을 듣는 사람을 불쾌하고 괴롭게 하기 쉽다. "말이 비수(匕首)를 품는다."거나, "말 한마디로 천 냥 빚 갚는다."라는 속담도 있지만, 말은 능히 사람을 죽일 수도 있는 위력을 가질 수 있음은 물론, 말로써 서로의 관계에 중대한 변화를 가져올 수도 있는 것임을 알아야 한다.

바른말의 범주에는 적극적으로 말을 하는 것뿐만 아니라, 남의 말을 듣는 것도 포함된다. 남이 말을 하는 경우에는 성실하게 듣고, 바르게 반응할 줄 알아야 한다. 일반적으로 자기 말만 하고 남의 말을 들을 줄 모르면, 그것은 말의 상호교환성(相互交換性)을 어기는 것이 되어 상대방에게 괴로움으로 작용할 수 있다. 그러므로 말을 바르게 해야 하는 일 못지않게 성실하게 들을 줄 알아야 하며, 그러한 뜻에서 말은 서로의 생각을 조화롭게 하는 매체(媒體)라고 할 수 있다. 바른말과의 관계에서 볼 때, 현대사회는 많은 문제를 안고 있다고 할 수 있다. 통신기술의 발달은 때도 없이 각종 뉴스를 지구의 반대편까지 실시간으로 보내고 있지만, 개인 사이의 대화는 오히려 어려워지고 있는 실정이다. 더욱이, 오늘날 전 지구적으로 널리 보급되어 있는 스마트 폰(smart-phone)은 심지어 옆 사람에게조차 관심을 두지 않고 각자의 손안에 쥐어진 스마트 폰에 눈이 팔린 것이 보통이니, 대화를 통한 사람끼리의 관계가 소원(疏遠)할 것임은 당연한 일이다. 그러나 붓다께서 여덟 가지 바른길의 하나로 '바른말'을 가르치신 기본 뜻에 비추어 볼 때, 과학기술이 발달되고 문자사용이 생활화된 오늘날에는 말의 범주는 당연히 확대되어 모든 의사전달 수단을 포함하는 것으로 보아야 할 것이다.

남의 몸에 위해(危害)를 끼치는 행위가 범죄라는 사실은 모두가 수긍한다. 그러나 마음에 상처를 주는 행위가 문제라는 것에는 무심하기가 쉽다. 당장 눈에 보이지 않기 때문에 남의 마음에 상처를 입히는 말을 함부로 하는 경우가 적지 않다. 특히, 직접 얼굴을 마주하고는 하지 못할 말도 전화나 문자로는 서슴없이 할 수 있는 것이 사람의 심성이다. 교육부가 지난 8월에 발표한 2019년 제1차 학교폭력 실태조사 결과에 의하면 학교폭력의 피해 유형은 언어폭력이 35.6%, 집단 따돌림이 23.2%, 그리고 사이버(cyber) 괴롭힘이 8.9%의 순으로 많았음을 알 수 있어, 언어와 사이버 방식이 차지하는 비중이 크다는 것을 알 수 있다. 그러니 전화나 문자에 의한 의사전달은 물론, 전파력이 큰 매스컴이나 사회연결망서비스(SNS) 등 사회적 연결망을 활용하는 경우는 그 파급력에 비추어 입에 의한 대화의 경우보다 훨씬 더 신중하게 생각하여야 함을 알 수 있다. 오늘날 가정에서나 직장 등에서 진정어린 대화의 기회가 줄어가니 사회가 삭막해질 수밖에 없는 일이다.

4) 바른 행위

바른 행위(正業: right action)는 우리 생활의 모든 영역에서 요구되는 바른 행위를 말한다. 그 내용을 일반적으로 말한다면 도덕적이고 올바른 행동을 말하는 것으로서, 남을 살상한다거나, 남의 것을 훔치거나, 부정한 거래를 하거나, 적절하지 않은 이성 관계를 맺는 것과 같은 행위를 삼감은 물론, 남을 존중하고 남을 돕는 일을 즐겨 하는 것이라고 할 수 있다. 바른 행위를 정 '업'(正 業)이라고 말하는 것은 '업'이 행위를 뜻하기 때문이다.

사람의 생각을 밖으로 표출하는 형태는 입을 통한 말과 몸을 통한 행동의 두 가지가 있다. 여기에서 바른 행위는 몸을 통해서 표출되는 생각이다. 아무런 생각도 없이 마음과 동떨어져 몸으로만 이루어지는 행위란 무조건 반사(無條件 反射: unconditional reflect)와 같은 예외적인 경우 외에는 없는 것이 원칙이다. 그러므로 바른 행위는 항상 앞에서 본 바른 사유와 바른 소견을 바탕에 깔고 있다. 바른 행위는 자기가 스스로 그러한 행위를 하는 것에 그치지 않고, 남에게 잘못된 행위를 하도록 하거나, 간접적으로 바르지 않은 행위를 하는 것도 멀리하여야 함은 물론, 한 걸음 나아가 남도 바른 행위를 하도록 적극적으로 권고하고 도와야 한다. 오늘날과 같이 조직화되고 전문화된 사회에서는 올바르지 않은 행위는 자기가 스스로 하지 않아도 간접적인 방법을 통하여 얼마든지 목적을 달성할 수 있다. 남을 시켜서 살상한다거나, 부하에게 남의 물건을 훔쳐 오게 하거나 많은 사람을 살상하고 시설을 파괴하는 것과 같은 것 등은 그 예라고 할 수 있다. 그러므로 바르지 않은 행위에서 벗어난다는 것은 스스로 그러한 삿된 행위를 하지 않을 뿐만 아니라, 남을 시키거나 남이 하는 옳지 않은 행위를 돕는 것도 포함되는 것임을 알아야 한다.

사실, 우리는 매일의 삶을 이어가는 과정에서 의식적이든 무의식적이든 많은 것을 죽이고 없애며 파괴하고 있다. 식탁에 고기를 올리기 위하여 많은 동물이 죽어가고 있음은 물론, 어업 기술과 어구(漁具)의 발달로 연안어족(沿岸魚族)을 싹쓸이하고 있으며, 개발이라는 미명 아래 수려한 산하를 마구 파헤치고 무너트리고 있다. 이러한 행위가 자기의 소행이 아니라고 해서 무관심하게 방관만 하고 있을 일이 아니다. 육류를 비롯한 음식의 양을 줄이고, 자연훼손을 억제하도록 노력하는 것은 바른 행위로 이끄는 지름길이라고 할 수 있다.

5) 바른 생활

바른 생활(正命: right livelihood)이란 남에게 해로움을 줄 우려가 있는 일로 생업을 삼지 않는 것을 말한다. 그러므로 바른 생활은 앞에서 본 바른 행위와 직접 관계되는 덕목이라고 할 수 있다. 바른 행위는 자연스럽게 바른 생활로 이어지기 때문이다. 우리 각자의 삶의 모습은 그의 마음을 가장 잘 반영한다. 그래서 사람은 그의 삶의 모습을 보면 그의 마음을 알 수 있다고 하는 것이다. 이기적이고 탐욕스러운 생각에 젖은 사람은 주변 생각은 아랑곳하지 않고 자기만의 호사로운 생활을 즐기면서 먹는 것을 가리지 않는다. 몸에 좋다면 뱀이나 개, 지렁이 할 것 없이 마구 먹어대고, 돈이 되는 일이라면 수단과 업종을 가리지 않고 달려든다. 그러한 사람일수록 욕심이 욕심을 낳아 만족을 모르고, 늘 괴로움에 허덕인다. 결국, 바른 생활은 우리 생활의 모든 영역에 있어 소욕지족(少欲知足), 곧 욕심을 줄이고 만족할 줄 알며, 자비심을 길러 남을 돕고 해치지 않는 생활을 하도록 가르치신 것이다.

엄격히 본다면 우리의 삶 자체가 직접 간접으로 다른 것을 많이 해치고 있다. 우선, 사람이 살기 위해서 먹는 음식에는 다른 것의 생명에 관계되는 것이 많다. 그뿐만 아니라, 생계를 유지하기 위해서 종사하는 직업에는 사람을 살상하는 무기나 탄약을 개발하고 만드는 일, 동물을 살상하는 도축업, 남을 속여 이익을 취하는 일 등 헤아릴 수 없이 많은 일이 바른 생활과는 거리가 먼 것들이다. 그렇다고, 일의 내용이나 성질을 가려 올바른 일에만 종사한다는 것은 현실적으로 매우 어려운 일이다. 세속의 법에 어긋나는 직업에 종사하는 것은 그 자체가 범죄를 구성하는 것이지만, 그렇지 않은 적법한 직업의 경우에는 그 일에 종사하는 자세와 마음가짐이 중요하다고 하겠다. 곧, 무기 공장이나 도축장에서 일함으로써 생계를 유지하되, 자비심을 기르고 항상 이타적인 행위를 함으로써 자기가 저지른 행위에 대한 보상을 마음속에서나마 모색할 일이다.

6) 바른 방편

바른 방편(正方便: right effort)은 이른바 대승불교기에 들어서면서 정정진(正精進)으로 불리며, 오늘날에는 그것이 일반화되었다. 원래, 방편이란 적절한 방법을 가리키는 말이다. 그래서 법화경(法華經) 서품(序品)에서는 방편이 완성되고 지견(知見)이 완성되는 것이 붓다의 경지라고 규정하고 있으며, 화엄경(華嚴經)의 십지품(十地品)에서도 원바라밀(願波羅蜜)과 함께 방편바라밀(方便波羅蜜)이라는 덕목까지 설정하고 있음을 알 수 있다. 바른 방편이라고 하든 바른 정진이라고 하든, 내용으로 보면 대동소이(大同小異)한 것이기 때문에, 여기에서는 오늘날 대중이 사용하는 바른 정진으로 설명하기로 한다. 바른 정진은 다른 일곱 가지 바른길의 실행을 이끌어 가기 위하여 효과적인 방법을 강구하여 꾸준히 노력하는 정력을 말한다고 할 수 있다.

아무리 좋은 가르침이 있고, 또 그 가르침을 받아 실행하려 하여도, 그것을 반드시 실행하고 말겠다는 굳은 의지가 없으면 중도에 좌절하거나 시간만 낭비하고 아무런 성과도 거두지 못한다. 그뿐만 아니라, 좋은 가르침을 좇으려 하는 경우에도 그것을 실행하는 과정에는 적지 않은 장애가 앞을 가리는 수가 많다. 그렇기 때문에 해롭고 건전하지 않은 생각이 생겨나는 것을 막고, 만일 좋지 않은 생각이 이미 생긴 경우에는 그것을 제거하기 위하여 노력하며, 건전하고 유익한 생각을 하도록 노력하고, 이미 바른 생각이 생긴 때에는 그것을 오래 간직하도록 힘써야 함은 다시 말할 나위조차 없다.

7) 바른 마음 챙김

바른 마음 챙김(正念: mindfulness)이란 쉽게 흐트러지지 않도록 주의 깊게 집중된 마음으로 특정한 관점에 대하여 깊이 관찰하는 것을 말한다. 그러한 뜻에서 흔히 관(觀)이라고도 한다. 다시 말하면, '나'라거나 '마음' 또는 '공'이나 '존재' 등에 관해서 성실하고 주의 깊게 관찰하여 직관(直觀: intuition)을 끌어내는 것을 말한다. 그런데, 오늘날과 같은 생활환경은 주의를 분산시키기 쉽고, 빨리 빨리에 쫓겨 혼란스러운 상태에 둘러싸여 생활하고 있는 사람의 입장에서는 매 순간 올바로 마음을 챙긴다는 것이 여간 어려운 일이 아니다. 현대인은 끊임없이 흘러나오는 뉴스, 알기조차 어렵게 많은 광고, 때와 장

176

소를 가리지 않고 울리는 휴대전화 소리 등으로 자기가 진정으로 무엇을 하고 있는지조차 알기 어려운 상태가 되고 있다. 특히, 급속도로 발달하고 있는 인터넷(internet)이라던가 스마트 폰(smart-phone)의 생활화로 우리는 기구를 쓴다기보다도 오히려 각종 기구에 쓰임을 당하고 있는 실정으로 전락하였다고 해도 과언이 아닐 정도이니, 매 순간 집중하여 그 순간의 상태를 있는 그대로 들여다본다는 것이 여간 어려운 일이 아니다. 바른 마음 챙김은 특정한 사안의 현재 이 순간, 바로 여기에서의 상태를 분별없이 깊이 살펴보는 것이다. 그렇기 때문에, 바른 마음 챙김을 위해서는 계속해서 순간순간의 상태를 깊이 관찰하여야 한다. 엄격히 말하면, 마음 챙김을 뜻하는 범어인 'sati'는 바로 이 순간의 마음을 있는 그대로 관찰하는 것임을 알아야 한다.

8) 바른 선정

바른 선정(正定: right contemplation)이란 한곳에 집중된 고요한 마음의 상태를 말한다. 사람의 일상적인 생각이란 물거품 같은 것이어서, 생겨났는가 하면 사라지고, 사라졌나 하면 또 생겨나기를 종잡을 수 없이 반복하여 뜬구름을 능가하고도 남음이 있을 것이다. 그 생각이라는 것은 과거, 미래, 현재를 거리낌 없이 왕래하는가 하면, 그 내용도 엉뚱하기 짝이 없는 경우가 많다. 그러자니 사람의 마음은 잠시도 편하지 않고 늘 들떠 있다. 들뜬 상태에서 되는 일은 아무것도 없다. 나무도 뿌리를 깊이 땅속에 내려야 큰바람에도 흔들림 없이 자라고, 건물이나 다른 시설물도 기초가 단단해야 오래 견디는 것처럼, 사람의 마음도 들뜸이 없이 고요하고 안정됨을 유지해야 한다. 그래서 선정(禪定)에 드는 것을 위의 마음 챙김을 관(觀)이라고 하는 것과 연결 지어 말할 때 '그친다'(止)고 하는 것이다. 이 생각 저 생각하며 돌아다니는 것을 그치고 고요하게 머문다는 뜻이다.

바른 선정을 실행한다는 것은 매 순간을 바르게 알아차려 자기 것으로 하는 것이다. 우리의 일상적인 삶을 들여다보면 무엇을 위한 누구의 삶인지조차 분명하지 않은 경우가 많다. 우리는 지금 내가 무엇을 하고 있는지? 내가 참으로 하려는 일이 무엇인지? '나'라는 것은 과연 무엇인지? 등에 관하여 마음을 집중하고 살펴보는 일이 과연 얼마나 자주 있는지 생각해 본다면 놀랄 정도로 무관심하고 판에 박힌 생활을 반복하고 있음을 알 수 있다. 아무 데에도 뿌리를 내리지 못한 채 물결에 흔들려 이리저리 떠다니는 부평초(浮萍草)와 크게 다를 것이 없다. 그래서 흔들리지 않도록 확고히 뿌리를 내리고 고요한 마음의 상태를 유지하도록 하라는 것이다.

글을 맺으며

중국에서 가장 더운 한여름 한낮의 지표 온도가 섭씨 70도를 오르내린다는 사막 가운데 도시 투루판(土魯蕃)을 찾은 것은 2007년 5월이다. 베이징에서 개최된 환태평양변호사협회(IPBA) 총회에 참석한 김에 실크로드(silk-road)를 찾아보고 싶은 생각에서였다. 우리 일행은 실크로드의 중국 쪽 출발지인 시안[西安]과 둔황(敦煌)의 막고굴(莫古窟) 및 명사산(鳴沙山) 등을 둘러본 뒤, 둔황에서 우루무치까지 가는 야간특쾌열차(夜間特快列車) 편으로 투루판을 향했다. 둔황에서 투루판까지는 특급열차로도 11시간 정도 달려야 했다.

백 번 듣는 것이 한 번 보는 것만 못하다(百聞不如一見)는 말은 바로 이런 경우를 두고 하는 말인 듯하다. 투루판역(驛)을 둘러싸고 있는 작은 마을은 여느 시골 마을과 크게 다를 것이 없고, 그곳에서 자동차로 약 1시간 걸려 도착한 투루판의 시가(市街)는 예상했던 것과는 딴판으로 여느 소도시와 비슷하였다. 길 양쪽으로 제법 큰 가로수가 줄 서 있을 뿐만 아니라, 여기저기에 포도원(葡萄園)이 있고, 대부분의 주거지에는 한두 그루의 나무가 보였다. 누가 이곳을 삭막한 사막의 도시로 생각하겠는가 싶었다. 알고 보니, 일찍이 이곳에 정착한 조상들이 사막 밑을 흐르는 물줄기를 찾아내서 지하수로(地下水路)를 개발한 덕으로 그곳에서는 풍부하고 청정한 물을 쓸 수 있다는 것이다. 지하수로의 접근은 좁은 계단식 출입로가 있어 지상에서 약 10m 가까이 내려가면 제법 넓은 터널 같은 곳이 나타나고, 그 바닥에 시골 시냇물을 연상시키는 수로(水路)가 있어 꽤 풍부하고 깨끗한 물이 가득히 흐르고 있었다. 심지어, 거기에서는 포도 농사를 지어 세계에서 생산되는 건포도의 약 70%를 담당하고 있다고 하니, 참으로 놀라운 일이 아닐 수 없다.

그날 밤은 초저녁에 잠깐 잠든 것을 제외하고는 거의 뜬 눈으로 새웠다. 한밤중에 잠시 눈이 뜬 김에 창밖을 보고 소스라치게 놀라지 않을 수 없었다. 하늘에는 바늘 꽂을 틈새도 없을 정도로 크고 작은 별들이 촘촘히 들어 박혀 반짝이고 있는가 하면, 가끔 여기저기에서 포물선을 그으며 흘러가다 사라지는 유성(流星)의 곡예가 눈을 휘둥그렇게 했다. 별들이 워낙 많고 맑다 보니 금시라도 한꺼번에 쏟아질 것 같았다. 문득, 어렸을 때 여름이면 으레 뜰 가운데 놓인 평상에 누워 하늘의 별을 세고, 내 별을 찾느라 애쓰던 일이 생각났다. 이 우주에는 수천억에 달하는 은하(the galaxy)가 있고, 한 은하에는 수천억의 별이 있다니, 참으로 경외(驚畏)로운 일이 아닐 수 없다. 다른 별에서 본다면, 우리가 발을 붙이고 사는 지구라는 태양계의 작은 행성(行星)도 저 속의 어느 구석에 섞여 반짝이는 바늘구멍만도 못한 점으로 보이겠지! 그 속에서 인간은 제법 잘난 체하면서 그들의 탐욕을 위하여 하나뿐인 지구(the only Earth)를 온통 뭉개대고 있을 것을 생각하면 안타깝다 못하여 가슴이 미어지는 것 같다.

이곳 사람들은 생각했던 것과는 달리 일반적으로 친절하고 밝은 표정이면서 별 불만이 없어 보였다. 호텔이나 상점에서 관광객들과의 접촉으로 일부 서구 문명에 물든 소수 사람을 제외하고는 양(羊)을 치거나 포도원에서 일하며, 길거리에서 건포도를 파는 일로 큰 불편 없이 생계를 유지하는 것 같았고, 그러한 생활에 불편이 없어 보였다. 하기야, 사막 한복판에서 욕심을 내봤자 땀만 흐르고 별 소득이 없을 것 같기도 하다. 그래서인지 그곳에 코비드-19가 확산되었다거나, 중국

남쪽을 한 달 이상 강타(强打)[51]하고 있다는 폭우 소식도 물론 없다. 하루는 그곳 바자(bazaar)에 들러 좌판을 놓고 앉아있는 여인의 좌판을 보니, 사용한 것으로 보이는 별의별 가정용품들이 다 있었다. 그들은 물물교환도 하고, 팔기도 한다는 것이다. 자기네가 구하여 쓰다가 필요 없게 되면 바자에 가지고 나와 팔거나 필요한 물건과 바꾼다는 것이다. 스위스 동북부 호반의 도시 취리히(Zurich)에서 본 거리의 물물교환과 비슷하였다. 매우 실용적이면서도 경제적인 수단 같았다. 우리가 본받을만한 것이었다. 하기야 우리도 전에는 시골 오일장에서 이러한 풍경을 흔히 볼 수 있었지만, 이른바 '현대'에 밀려 사라지고 말았을 뿐이다. 코비드-19를 계기로 인간의 삶의 모습이 크게 바뀐다면 투루판의 삶의 모습도 참고할 만할 것 같다.

---

51 2020. 5. 2부터 6. 3까지 중국기상청에서는 남부지방에 매일 폭우경보를 발령하였다고 하며, 급기야 양쯔강의 범람위험경보를 낼 정도까지 되었다고 한다.

찾아보기

184

어떻게
살
것인가

2020년 8월 24일 인쇄
2020년 8월 31일 발행

지은이 이 상 규
발행인 이 주 현
발행처 도서출판 해조음
등 록 2002. 3. 15. 제 2-3500호
      서울시 중구 필동로1길 14-6 리엔리하우스 203호
      전화 (02)2279-2343
      전송 (02)2279-2406
      메일 haejoum@naver.com

값 15,000 원

ISBN 979-11-970082-3-8 03220